CÓMO COCINAR
LOS CARACOLES

CÓMO COCINAR LOS CARACOLES

A pesar de haber puesto el máximo cuidado en la redacción de esta obra, el autor o el editor no pueden en modo alguno responsabilizarse por las informaciones (fórmulas, recetas, técnicas, etc.) vertidas en el texto. Se aconseja, en el caso de problemas específicos —a menudo únicos— de cada lector en particular, que se consulte con una persona cualificada para obtener las informaciones más completas, más exactas y lo más actualizadas posible. EDITORIAL DE VECCHI, S. A. U.. U.

Diseño gráfico de la cubierta: © YES.

Fotografía de la cubierta: © *Riou/Sucré Salé.*

Fotografías de la contracubierta: © *Alain Couillaud/iStockphoto;* © *iStockphoto;* © *Masterfile.*

© Editorial De Vecchi, S. A. 2018
© [2018] Confidential Concepts International Ltd., Ireland
Subsidiary company of Confidential Concepts Inc, USA
ISBN: 978-1-68325-758-5

El Código Penal vigente dispone: «Será castigado con la pena de prisión de seis meses a dos años o de multa de seis a veinticuatro meses quien, con ánimo de lucro y en perjuicio de tercero, reproduzca, plagie, distribuya o comunique públicamente, en todo o en parte, una obra literaria, artística o científica, o su transformación, interpretación o ejecución artística fijada en cualquier tipo de soporte o comunicada a través de cualquier medio, sin la autorización de los titulares de los correspondientes derechos de propiedad intelectual o de sus cesionarios. La misma pena se impondrá a quien intencionadamente importe, exporte o almacene ejemplares de dichas obras o producciones o ejecuciones sin la referida autorización». (Artículo 270)

ÍNDICE

Prólogo	7
Los caracoles en la cocina	8
Otros usos del caracol	13
Una tradición popular: la recolección de caracoles	16
La cría de caracoles	18
Los caracoles en España	22
RECETARIO	25
SALSAS	143
Índice de recetas	155

PRÓLOGO

La relación del hombre con el caracol no es nada reciente, sino que se remonta a miles de años. Podemos decir que prácticamente siempre ha estado presente en nuestra dieta. Pero el hombre no se ha dedicado únicamente a utilizar su carne como fuente alimenticia, sino que le ha buscado y ha sido capaz de encontrarle otros usos.

Así pues, la deuda con este curioso animal es innegable. Ahora, en estos tiempos en los que el desarrollo industrial, los cambios climáticos y la recolección masiva e indiscriminada están mermando considerablemente el número de ejemplares salvajes en algunas zonas del planeta, se quiere «devolver» parte de ese favor a los caracoles. Desde hace unos años la cría del caracol en cautividad se ha multiplicado con el fin de cubrir las necesidades de consumo sin necesidad de molestar y recolectar a los que viven en libertad, y así ayudar a que el caracol salvaje se recupere.

Nosotros hemos querido rendirles nuestro pequeño homenaje con esta obra, con la que, aparte de aprender numerosas y variadas recetas, conoceremos más a este pequeño animal, a menudo olvidado y «maltratado».

Los caracoles en la cocina

BREVE HISTORIA

La historia del caracol en la alimentación del hombre se remonta prácticamente al origen mismo del ser humano. Se sabe con certeza que nuestros antepasados primitivos consumían grandes cantidades de gasterópodos, ya que en el interior de algunas cavernas se han descubierto verdaderos montículos de conchas, que debían representar rudimentarios cubos de basura.

Mucho después, la Biblia consideró impura la carne de los animales que se arrastran, contrariando seguramente a griegos y romanos, que se atiborraban literalmente de moluscos.

El célebre filósofo griego Aristóteles, que vivió en el siglo III a. de C., tras haber analizado al caracol en longitud, anchura y profundidad, describe una cuchara, cuyo mango está rematado por un pincho, que puede ser considerada como la antecesora del actual tenedor para caracoles.

Por su parte, Plinio relata historias de romanos y cita el nombre de Fulvius Lippinus como especialista en gasterópodos. Este último apreciaba particularmente los caracoles blancos de Iliria, una especie próxima a los caracoles de Borgoña.

Pero esto no es todo, los primeros criadores hicieron su aparición aproximadamente un siglo antes de Cristo. Los caracoles eran encerrados en recintos especiales sombreados y humidificados: la *cochlearia*. Ya en aquella época se intentaba mejorar la alimentación creando mezclas a base de diversas plantas, que se hervían con un poco de vino y hojas de laurel. En Liguria, una región al noroeste de Italia, se producían los caracoles más preciados. Los patricios, nobles de la época, a quienes les estaban reservadas las primicias de tales golosinas, consumían los caracoles fritos. Asimismo, parece que realizaban crías de forma particular en el interior de simples toneles de madera vacíos.

En la Galia y la Península Ibérica, los caracoles aparecieron tras la conquista por parte de las legiones romanas. Se servían como confitería después de los postres, asados, según el gusto romano.

Más tarde, los caracoles se convirtieron en el plato de los más necesitados, especialmente durante las épocas de más penuria. Por eso era consumido de buen agrado durante la Cuaresma, ya que constituía un buen método para ayunar y engordar a la vez. Semejante práctica no perduró durante mucho tiempo, hasta el punto de que el caracol desapareció por completo de la alimentación tradicional.

No será hasta el siglo XIX cuando el caracol recobre su puesto de honor, gracias a un grupo de gastrónomos innovadores que volvieron a ponerlo de moda. No obstante, el caracol permanece relacionado con la Cuaresma.

Fue un célebre cocinero de la época quien devolvió su dignidad al caracol, al servirlos *à la bourguignonne* en el año 1814 a comensales tan prestigiosos como el zar Alejandro I y Talleyrand. Este acto permitió reconsiderar al caracol, que volvió a consumirse nuevamente en las mesas de los más poderosos.

Durante la segunda mitad del siglo XIX no cesaron los enfrentamientos entre detractores y defensores de este producto; pero a medida que se aproximaba el año 1900, más numerosos eran los consumidores, hasta el punto de que varios restaurantes de moda ofrecían en su carta caracoles viñadores. De forma progresiva, este manjar conquistó las mesas de todo el mundo, por lo que hoy en día cualquier restaurante de cierta categoría ha de poder servirlos a sus clientes.

Conviene destacar que el Midi —conjunto de regiones del sur de Francia— y Cataluña originaron el gran desarrollo de tal gasterópodo en la cocina tradicional.

DE LA COCINA AL COMEDOR

Tal y como ya hemos visto, el caracol formaba parte de la alimentación de nuestros antepasados más lejanos. Por descontado, hoy en día las recetas son mucho más elaboradas, pero se continúa apreciando al caracol en sí mismo, a pesar de las afirmaciones de algunos cocineros que gustan decir que «los buenos caracoles se hacen con buenas salsas».

A este respecto, hemos tenido la oportunidad de conocer «catadores» de caracoles que, con el mismo mérito que los de vinos, son capaces de determinar la especie con tan sólo comerlo, saber si se ha sido recogido en el momento adecuado y conferirle los calificativos apropiados a la carne.

Algunas precauciones que se deben tomar

Si se decide por comer caracoles en conserva, o bien ya preparados, no hay problema alguno, pues están dispuestos para ser consumidos inmediatamente. En cambio, no se deben devorar glotonamente los caracoles que uno ha criado y acaba de recoger. En ocasiones, estos pequeños animales consumen plantas tóxicas para nuestro organismo y, por lo tanto, deben ser sometidos a una dieta durante aproximadamente diez días con el fin de que eliminen todas las sustancias venenosas que pudieran contener. Lo cierto es que no es una imagen muy agradable de ver, ya que los gasterópodos producen mucha baba espumosa durante los largos días de huelga de hambre, pero es indispensable. En el Midi se utiliza un sistema menos cruel y más original: los caracoles son alimentados únicamente con tomillo durante 10 días. El tomillo posee propiedades desinfectantes que permiten eliminar las toxinas, además de aportar más sabor al caracol.

Por otra parte, respecto al caracol de Borgoña, es aconsejable extraer y eliminar el hígado, una vez cocido, para que la carne sepa mucho mejor. El hígado es la parte posterior negra, y en el caso del *Helix pomatia* puede llegar a ocupar la mitad del cuerpo.

Además del ayuno del que ya hemos hablado, hay que someter al caracol a un lavado muy intenso para conseguir un máximo de higiene. Dicho lavado se realizará justo antes de la cocción. Se introducen en agua agitando el recipiente para que las conchas, al chocar entre sí, se liberen de las partículas de tierra y parásitos que llevan consigo. Se procede de forma algo parecida a como se hace con ciertos mariscos de concha.

A continuación, se efectúa un segundo lavado, añadiendo al agua un poco de vinagre (un vaso pequeño por cada kilo de caracoles) y sal gorda (dos puñados por kilo). Con esos ingredientes se procede a realizar un último lavado, para lo que se les dejará en remojo durante 1 hora aproximadamente. Ese lavado con vinagre se puede repetir hasta tres veces en el caso de que los caracoles que se estén preparando parezcan «dudosos». Finalmente, se ponen en remojo en agua del grifo.

Todo este proceso puede parecer largo e incómodo, pero es muy importante, ya que el caracol se arrastra por todas partes y puede traer consigo todo tipo de gérmenes patógenos, que deben ser eliminados antes de consumir.

El lavado es un proceso muy largo, pues hay que contar de tres a cuatro horas incluyendo los periodos de remojo.

Valores alimenticios del caracol

Aunque los caracoles son poco nutritivos (de 60 a 80 calorías por cada 100 g de carne), constituyen un plato pesado y en ocasiones indigesto. Por una parte, por las salsas ricas y grasas que los suelen acompañar, pero también debido a la consistencia elástica de la carne, que es difícilmente atacable por los jugos gástricos y tiende a «quedarse en el estómago».

De todas formas, hay que decir a favor suyo que es rico en sales minerales (calcio, zinc, cobre, magnesio, hierro) y en vitamina C. Pero, a causa de las preparaciones muy elaboradas que requiere en determinadas recetas, hay que incluirlo en el capítulo de las «golosinas» de las que no se debe abusar.

Es poco recomendable para niños y ancianos, y prohibitivo para los que padecen reuma, enfermedades del hígado, dispepsias, así como para toda persona que siga un régimen de calorías.

El caracol es pobre en lípidos, pero aporta proteínas. De hecho, no se debería consumir más de una docena en el transcurso de una comida, procurando a continuación evitar los platos con salsa y otros alimentos pesados.

La carne de caracol es muy magra y, por lo tanto, merece una especial consideración según las modernas concepciones dietéticas. Tiene un valor proteico considerable, superior al de las ostras y los huevos, y un contenido en sales minerales que es más del doble de la carne bovina y aviar.

COMPOSICIÓN DE DIVERSOS ALIMENTOS

	Sustancias proteicas	Lípidos	Sales	Agua
Caracol	14	0,70	2,05	89,25
Huevos de gallina	11,4	10,2	1,262	77,138
Ternera	20,8	1,1	1,0	77,10
Pollo	20,5	5,7	0,90	73,00
Trucha	20,83	2,47	1,33	75,35
Ostra	11,50	1,80	3,26	81,14

La carne de caracol tiene la consistencia típica de los moluscos, pero posee un valor totalmente especial que, en ciertos países, se considera más agradable que el de las preciadas ostras.

Muchas veces se ha dicho que los caracoles pueden provocar algunos trastornos, como gastroenteritis e incluso intoxicaciones. No se excluye esta posibilidad, pero todo depende de las condiciones higiénicas en que se han conservado y preparado en la cocina. Recordemos que la purga es necesaria no solamente para garantizar la higiene del producto, sino también para eliminar los residuos que pueden resultar indigestos o dar mal sabor a la carne, y también los tóxicos, cuando se trate de caracoles «corredores» en estado silvestre, que han podido nutrirse con hierbas venenosas.

La preparación culinaria de los caracoles, incluso si están operculados, debe ir precedida de una serie de operaciones para eliminar cualquier inconveniente organoléptico y digestivo.

LAVADO Y PREPARACIÓN DE LOS CARACOLES

Los caracoles deben ayunar durante varios días, pero si ya están operculados no es del todo necesario. La baba, al endurecerse, forma un tabique de calcio que se perfora con la punta de un cuchillo.

Otra opción es alimentarlos con harina: cuando los excrementos sean blancos, los caracoles ya están listos para cocinar. Además, de esta forma los animales no ayunan y están más gordos.

Para lavarlos, se ponen en un recipiente hondo con abundante agua fría, vinagre y sal durante varias horas; hay que removerlos varias veces para que suelten la baba, que aparece en forma de espuma. A continuación, se lavan repetidamente hasta comprobar que el agua quede totalmente clara. Al removerlos hay que tener cuidado de no romper las conchas.

Cocción de los caracoles

Para cocer los caracoles, se ponen en una olla cubiertos de agua fría; con el aumento de la temperatura, los caracoles irán saliendo de sus conchas. Se comprueba que todos hayan sacado sus cuerpos; de lo contrario, se tiran, pues significa que están muertos. Se pone la olla a fuego fuerte para que hiervan lo más rápidamente posible y queden fuera de sus conchas. Se dejan cocer durante 3 minutos, se escurren, se cubren de nuevo con agua fría y se añade un ramillete de hierbas aromáticas al gusto, así como una cebolla con dos o tres clavos de especia hincados, un vaso de vino blanco y la sal correspondiente. Se deja cocer de 2 horas y media a 3.

El problema de extraer o no la «tripa», es decir, el saco de vísceras sólidamente insertado en las espiras de la concha, es objeto de gran controversia; algunos lo eliminan considerando que contiene excrementos, si bien estos, en caso de que la purga no haya sido efectuada con cuidado, se encuentran eventualmente en la cabeza, que es donde está situado el intestino recto. Por otra parte, los entendidos afirman que esta parte es la más gustosa.

Otros usos del caracol

Desde las épocas más remotas, la medicina y la farmacopea populares han utilizado sustancias naturales para sanar. Además de las plantas, que aún hoy en día están muy de moda, eran numerosas las materias animales que formaban parte de la composición de diversas pociones. Al igual que la hiel de serpiente, los caracoles gozaban de prestigio entre los magos y curanderos de antaño.

En la Antigüedad, Plinio e Hipócrates los recomendaban en ginecología para facilitar los partos. Curiosamente, muchos romanos los consideraban un buen remedio para las indigestiones (sin ningún tipo de salsa, evidentemente). El padre de la cirugía, Ambroise Paré (1517-1590), recetaba caracoles para el tratamiento de la epidermis de las mujeres —era creencia que la piel se volvía suave y satinada si se frotaba con un caracol—, y el caldo obtenido de su cocción contra la tos y la bronquitis.

Este caldo se prepara de la siguiente forma: durante 24 horas se pone en remojo una docena de caracoles. Luego, se agregan a una cazuela con un litro de agua, lechuga, dos dátiles, acedera y perifollo. Para conservar el máximo de baba, se rompen las conchas antes de la cocción. Se deja cocer a fuego lento por espacio de tres horas hasta que el líquido se reduzca un tercio. Mientras tanto, se diluyen 30 g de goma arábiga en un vaso de agua caliente y se vierte en el caldo.

Finalmente, se pasa por un tamiz fino y se bebe una taza muy caliente.

Asimismo, con los caracoles desde siempre se ha elaborado pasta y jarabe para combatir afecciones pectorales, pero al parecer no son tan eficaces como la esencia de eucalipto.

Son numerosas las investigaciones que se han efectuado en relación a las virtudes medicinales del caracol. Es así como se ha podido constatar que la sangre de dicho gasterópodo es muy rica en calcio (sólo así, lógicamente, puede regenerar su concha), por lo tanto, podría ser aconsejable contra el raquitismo. Pero son las segregaciones del caracol las que han atraído de forma especial la atención de los sabios. Se les atribuyen numerosas cualidades: curan verrugas y pecas, disminuyen la acidez gástrica y acaban con los dolores de cabeza. Es posible que sea cierto, pero hoy en día existen medicamentos igualmente eficaces y mucho más agradables de consumir.

En medicina, al igual que en cualquier otra ciencia, existen excesos que resultan cómicos, incluso ridículos. Por eso no podemos evitar la tentación de reproducir un fragmento del capítulo consagrado a las facultades de los caracoles que aparece en el libro *Le Grand et le Petit Albert*:

«Cosa admirable y extremadamente útil es el caracol y, sobre todo, tiene grandes propiedades para el cuerpo humano... No puedo silenciar los secretos maravillosos que he descubierto en estos animales: los aso en el horno dentro de una vasija bien cerrada y suministro los polvos así obtenidos, por espacio de 15 días y mezclados con la papilla, en el caso de lactantes, o con la sopa si ya han dejado de mamar, y con tal remedio curo toda clase de hernias, sin aplicar nada. Para aquellos que sean delicados, se hará destilar agua de los caracoles al baño María y deberán beberla con azúcar o desleída en papilla, con lo que se conseguirá el mismo efecto que con el polvo. Se toman porciones iguales de caracoles rojos y romero, se hace un picadillo bien fino, seguidamente se introduce en una olla emplomada y bien tapada, y se deja durante 40 días bajo estiércol de caballo. Transcurrido dicho tiempo, se extrae el aceite, que se verterá en un frasquito de cristal bien cerrado, y se deja al sol unos días. Este aceite cura en poco tiempo los cólicos que sufren las mujeres antes o después de dar a luz. Aquellas cuyo vientre esté arrugado a causa de los partos que hayan tenido también podrán utilizarlo, y de seguro que la piel del vientre se les volverá tan igual y suave como si todavía fueran doncellas.

»Los caracoles con concha tienen propiedades maravillosas, ya que triturados y aplicados sobre el vientre de un hidrópico hacen salir las aguas que hay entre dos pieles.

»Galeno nos enseña también un admirable secreto que yo mismo he experimentado frecuentemente, y que consiste en trocear caracoles y mezclar bien con polvo de incienso y acíbar hasta que se espese como la miel. Se aplica sobre la frente para curar cualquier flujo de los ojos. De este modo, yo mismo curé del día a la noche a un molinero que se había picado y dañado un nervio, aplicándole sobre el mal caracoles con las conchas y un poco de harina que había recogido en su molino.

»En el año 1535, en el que muchos enfermos morían de disentería sin que los médicos pudieran aportar remedio alguno, logré salvar a más de trescientos de tan peligrosa enfermedad, haciéndoles beber caracoles abrasados y pulverizados, y un poco de pimienta blanca y agallas.

»Bien triturados, si se aplican sobre el ombligo, detienen toda clase de menstruación. Hay quien dice que aplicados sobre una llaga atraen todo lo que haya quedado en el interior.

»Si se los destila, resultan admirables para curar retenciones de orina.

»Tomar caracoles y claras de huevo, aproximadamente una libra de lo uno y de lo otro, cuatro semillas igualmente frías, media onza de agua de lechuga, tres onzas de trementina de Venecia, machacar todo lo que se pueda, reducir a polvo y dejarlo todo mezclado por una noche, luego hacerlo destilar y no utilizar el agua obtenida hasta después de cierto tiempo. Se le dará a beber al enfermo en ayunas por la mañana media onza con un dracma de azúcar rosado, y antes de terminar dicho tratamiento por espacio de nueve días ya habrá sanado por completo».

No es necesario aclarar que semejantes prescripciones, que hay que calificar, como mínimo, de extravagantes, están garantizadas únicamente por su autor, que indudablemente tenía más de alquimista y mago que de verdadero médico.

Es curioso constatar que en cualquier época se acostumbran a encontrar las mismas indicaciones de botica acerca del caracol en relación con afecciones estomacales y bronquiales.

Pero el uso del caracol fuera de los fogones no se restringe a épocas pasadas, podemos decir que también acompaña a la propia evolución del ser humano.

Últimamente se está hablando mucho de las «maravillosas y revolucionarias» cremas a base de caracol para «rejuvenecer» la epidermis.

Para empezar, hay que diferenciar entre la baba y la secreción del caracol. La primera es el fluido que este animal utiliza para desplazarse y carece de cualquier propiedad «medicinal». La secreción, en cambio, es una sustancia que el caracol produce como mecanismo de defensa frente a distintas agresiones externas y con la que «repara» su concha. Así pues, es la secreción del caracol la que puede ayudar a retardar el envejecimiento cutáneo y reparar la piel.

Por esto, no todas las cremas a base de caracol que podemos encontrar son iguales. Para que posean propiedades antioxidantes y regeneradoras deben haber sido elaboradas únicamente con secreción de caracol y estar avaladas, como es lógico, por un estudio científico.

Una tradición popular: la recolección de caracoles

Desde siempre, los caracoles han sido objeto de recolección tanto para el consumo familiar, como para la venta directa a restaurantes y mercados, así como también para aprovisionar las instalaciones de engorde. Especialmente en las regiones en que habitan estos moluscos en gran número, los prados y los bosques son batidos por recolectores conocedores de los lugares, estaciones y horas en que la «caza» es más fructífera. Estos buenos conocedores de las diversas especies son capaces de encontrar partidas apreciables por su uniformidad y calidad.

Desgraciadamente, también existen personas inexpertas que llevan a cabo una recolección irracional e indiscriminada de caracoles todavía no aptos para el consumo ni para el engorde; o la realizan en época demasiado anticipada, es decir, antes de que tengan lugar los acoplamientos.

Tiempo atrás no existían normas restrictivas respecto a la recolección de caracoles, pero actualmente en muchos países —entre los que se encuentra España, aunque no todas las comunidades autónomas— se ha impuesto una reglamentación adecuada que tiene muy presente el ciclo de vida del caracol, el número de animales en libertad…

Un comentario aparte merece la relación entre los caracoles y la agricultura, ya que es evidente que la recolección de estos moluscos siempre es ventajosa para los prados, huertos, plantaciones de frutales y jardines. La eliminación de los caracoles representa en estos casos una intervención agrónoma necesaria, ya que, con su voracidad y prolificidad, estos animales son capaces de comprometer o destruir cosechas enteras. A los daños directos, se añaden también los indirectos: muchos parásitos se instalan en los tejidos vegetales solamente cuando encuentran la vía ya abierta, así como también insectos generalmente no dañosos, como, por ejemplo, las abejas y las hormigas, que se nutren de los frutos ya roídos por los caracoles. Además, la baba que dejan los caracoles en su camino también es altamente perjudicial, y los productos agrícolas y las plantas ornamentales pueden quedar literalmente destruidos.

En estos casos, la recolección a mano de los caracoles representa una solución mejor con vistas a la desinfección que el empleo de productos tóxicos, peligrosos para cualquier animal y que pueden ser arrastrados a distancia por las lluvias. La venta de los moluscos o su utilización para la repoblación de viveros permite al agricultor obtener unos beneficios o, al menos, recuperar los gastos de recolección.

Por ello, muchos agricultores que no tienen interés en los caracoles permiten de buena gana el acceso de los recolectores a sus fincas.

Con el fin de desinfectar un terreno, la caza más fructífera tiene lugar en primavera, cuando la temperatura y las lluvias inducen a los animales a salir al aire libre; en esta fase se dice que los caracoles son «corredores», porque muestran una gran vivacidad en la búsqueda de alimento.

A falta de lluvia, se pueden capturar regando el suelo a la puesta del sol, o bien obligándolos a reunirse en grupos numerosos bajo escondrijos adecuadamente preparados: tiestos invertidos, montones de hojas o ramas, de los cuales se retirarán antes de que se ponga el sol.

Para la recolección de caracoles con fines lucrativos, en los bosques y lugares sin cultivar, es necesario tener muy presente la necesidad de no atentar contra la conservación de la especie y respetar las calidades que pide el mercado, según los fines a que van destinados: repoblación de viveros o mercado alimentario. Los consumidores exigen caracoles de tamaño considerable y operculados, con garantía de calidad e higiene de su carne, por lo tanto, la recolección debe hacerse en otoño y limitarla a los individuos bien desarrollados.

La recolección de caracoles recién desoperculados ha de practicarse solamente entre los caracoles de grandes dimensiones, próximos al fin de su ciclo reproductor y, por lo tanto, aptos para el engorde. La caza no debería empezar antes del mes de julio, para no impedir la procreación de un gran número de individuos capaces de superar indemnes el primer invierno de su vida.

La recolección de los caracoles operculados puede hacerse desde otoño hasta finales del invierno.

Es muy difícil encontrar los caracoles en sus escondrijos mientras se hallan en letargo, si bien la práctica y el conocimiento de los lugares y de las costumbres del molusco pueden facilitar bastante esta tarea.

De todos modos, debemos recordar que la recolección para la venta al consumo debe limitarse únicamente a los individuos adultos.

Por lo que respecta a la recolección de caracoles silvestres destinados a la repoblación de los recintos de los reproductores, debe realizarse una cuidadosa selección de las partidas recogidas en el campo antes de introducirlas en los recintos.

Ante todo, es necesario separar con sumo cuidado las diferentes especies eventualmente presentes, descartando los grupos de calidad inferior o compuestos por un número demasiado pequeño de individuos.

La clasificación en las diversas parcelas se hace tomando como base la edad o, mejor, la fase de desarrollo, de modo que se obtenga un producto final dotado de uniformidad. Los individuos que presentan características apreciadas pueden destinarse a la reproducción y al saneamiento de las poblaciones excesivamente seleccionadas.

LA CRÍA DE CARACOLES

CARACTERÍSTICAS GENERALES

Los caracoles son moluscos gasterópodos pulmonados, provistos de una concha univalva y espiral capaz de alojar todo el cuerpo del animal. Su vida es bastante breve (cuatro o cinco años) y gran parte de ella transcurre en letargo y semirreposo estival; el resto del tiempo lo emplean únicamente en alimentarse y reproducirse.

Cuando están en letargo o en semirreposo, los caracoles se introducen en la concha y cierran la abertura con un tabique provisional (epifragma) o con un opérculo calcáreo perfectamente adherido al interior del borde de la abertura de la concha.

Sexualmente, los caracoles son hermafroditas insuficientes, es decir, tienen órganos sexuales masculinos y femeninos, pero no pueden autofecundarse.

Anatómicamente, se distinguen la cabeza, el pie y la masa visceral. La cabeza se encuentra en el extremo anterior del cuerpo y está dotada de dos pares de tentáculos retráctiles.

El pie es la base del cuerpo, espesa y viscosa, que sostiene al molusco y a su concha. Gracias a las contracciones sucesivas de los músculos del pie, el caracol se desplaza.

En el interior de la concha, por encima del pie, se encuentra la masa visceral: hígado, riñón, corazón y parte del intestino.

TIPOLOGÍA

Actualmente se conocen unas 4000 especies de caracoles, 400 de las cuales están en Europa. Pero sólo unas dos docenas son comestibles.

Para diferenciar las distintas especies, generalmente se tienen en cuenta el color, la forma de la concha y la abertura.

Las especies más cultivadas para fines gastronómicos, sobre todo en España y Francia —dos de los mayores consumidores de estos animales—, son:

- *Helix aspersa* o caracol común. La concha mide unos 3 cm de media, es de color pardo y tiene forma de cono globoso. Este caracol pone entre 50-100 huevos entre los meses de mayo y octubre, y la eclosión de estos suele producirse a las 2-3 semanas. Su carne tiene un buen sabor, pero no exquisito.

• *Helix aperta*. Su carne está muy valorada. La concha mide unos 2,5 cm de diámetro de media, es de color marrón o rojizo con estrías longitudinales irregulares y tiene forma globlosa y ovoide.

• *Helix lucorum* o caracol turco. Su carne, al igual que la del *Helix aperta*, tiene un gran valor gastronómico. La concha mide unos 4 cm de diámetro, es de color marrón o castaño y tiene cinco franjas.

• *Helix pomatia*, caracol de las viñas o caracol de Borgoña. Es el más apreciado y valorado, tanto por su tamaño —uno de los más grandes— como por el sabor de su carne. La concha mide 4 cm de diámetro de media y es de forma globosa. Pone entre 30-60 huevos de junio a septiembre, y la eclosión se produce a las dos semanas.

• *Otala punctata* o caracol cristiano. Su concha mide unos 3,5 cm de diámetro de media y tiene forma achatada y globosa. Pone entre 30-60 huevos entre junio y septiembre, y la eclosión se produce a las dos semanas.

LA CRÍA DE CARACOLES

La helicicultura es el arte de criar caracoles con el fin de aprovechar su carne y productos, aunque hoy en día también puede considerarse un *hobby*. Este es un tema complejo que, como es lógico, no tiene cabida en un libro de cocina, pero hemos considerado importante mencionarlo y aportar algunos datos básicos y generales.

La cría de caracoles no es una tarea sencilla, por mucho que de algunos artículos o de internet pueda extraerse una idea contraria, pero es posible si se conocen bien las costumbres y exigencias de estos animales, y se les protege de sus numerosos enemigos, entre ellos algunos fenómenos meteorológicos.

El modo y la forma de explotar la helicicultura es variado. A lo largo de las últimas décadas se han probado diversos métodos y medios, y uno de los más «satisfactorios» —por el bajo nivel de mortalidad entre los animales— y rentables es la cría biológica de ciclo completo, en la que el caracol nace, se reproduce y alcanza el peso adecuado para su comercialización en cautividad.

EL TERRENO

Se ha comprobado que los caracoles sufren si están encerrados en un espacio pequeño, por eso lo primero que se requiere para llevar a cabo este tipo de cría es un terreno grande, también hay que tener en cuenta si son cambiados de un ambiente a otro, si no tienen una zona libre de vegetación... Así pues, hay que observar todo esto a la hora de planificar el terreno. Otras cuestiones que hay que tener presentes son la vegetación existente, la calidad del suelo, si tiene pendiente o no...

Además, estos animales necesitan excavar con facilidad para poner los huevos y opercularse, aman las zonas húmedas, pero temen los estancamientos de agua y el viento, y para el letargo y la deposición prefieren las zonas expuestas al sur. Así pues, los terrenos protegidos y con un buen drenaje de aguas son los más recomendables. Deben evitarse en todo momento los suelos arcillosos, rocosos, pantanosos o excesivamente ventilados.

También son inapropiados los terrenos con excesivos árboles, pues obstaculizan la formación del rocío, fenómeno vital para los caracoles.

El terreno, además, debe tener un índice de reacción de pH superior a 7,5 (ácido si el pH es inferior a 7 y neutro si se sitúa entre 7-7,5), ya que estos animales tienen una gran necesidad de calcio, fundamental para «reconstruir» la concha cuando se daña.

Preparación

Una vez escogido y analizado, hay que limpiar el terreno de zarzas, raíces, escombros y de cualquier otro material que pueda ser receptáculo de animales nocivos. A continuación, se debe arar, como máximo a 30 cm de profundidad, y se procede a «corregir» las posibles carencias del suelo.

El siguiente paso es el abonado de la tierra, que debe llevarse a cabo con cenizas siempre que sea posible, ya que el abono orgánico modifica la acidez del terreno, lo cual puede ser perjudicial para los caracoles.

También se debe rastrillar dos o tres veces, a la vez que se procede a crear todo lo necesario para que estos animales se encuentren «como en casa»: pendientes, hondonadas, canales de recogida y descarga del agua de lluvia...

Y finalmente, se cerca la parcela para impedir que los caracoles salgan y puedan entrar posibles depredadores terrestres, puesto que contra los pájaros poco se puede hacer.

Desinfección

Aparte de todo lo mencionado en los párrafos anteriores, la desinfección del suelo también es fundamental, por lo que debe realizarse concienzudamente, ya que los caracoles tienen muchos enemigos naturales. No es nada recomendable el uso de insecticidas u otros venenos, a no ser que sean de acción baja, pues estos productos pueden ocasionar la muerte de un gran número de caracoles y de sus depredadores: aves, animales de corral, carnívoros...

División interna y vegetación

Este paso es muy importante y ha de ser definitivo, ya que, como hemos mencionado anteriormente, los caracoles sufren mucho con los traslados.

Conviene delimitar claramente las zonas destinadas a la alimentación, reproducción y refugio. Además, también hay que tener presente que el criador debe poder recolectar los caracoles y realizar las tareas de mantenimiento sin la necesidad de molestar a los animales y sin peligro de pisarles.

La vegetación que se plante también es importante —acelgas, alcachofas, berzas, ortigas, plantas aromáticas…—, pues unas servirán de alimento y otras, de refugio.

Introducción de los caracoles en el criadero

Lo ideal para iniciar la cría sería encontrar in situ los animales que se vayan a criar, pero como esto no siempre es posible, lo mejor —con el fin de evitar una alta mortalidad— es dirigirse a otros criaderos, y no comprar partidas de caracoles destinadas al consumo. Pero antes de adquirirlos, hay que asegurarse de que todos pertenecen a la misma especie y que se adaptarán más o menos a las características del criadero (tipo de suelo, climatología, vegetación…).

El número de caracoles que pueden introducirse, en un principio, en el criadero es variado, sin embargo, conviene que no sean menos de cuatro ni más de ocho por metro cuadrado.

Mantenimiento del criadero

A partir del momento en que los caracoles ya estén aclimatados completamente, la tarea del helicicultor se reduce considerablemente: evitar la entrada de personas ajenas, que podrían aplastar a los caracoles; «limpieza», como mínimo una vez por semana, de animales nocivos y de caracoles muertos —para eliminar el olor y evitar la fauna parasitaria—; reparar los posibles desperfectos o roturas del recinto; limpieza de las plantas «foráneas» que vayan brotando… y finalmente, recolección y venta de todos los caracoles operculados que hayan alcanzado el peso comercial. Esta última operación suele realizarse antes de la llegada del invierno.

Si finalmente decide criar caracoles —aunque no sea a gran escala— debe tener en cuenta que no todos son iguales, por lo que sus exigencias respecto a la calidad del suelo, plantas para alimentarse… son diferentes. Además, factores como el clima, la humedad, los fenómenos atmosféricos… también influyen y hay que tenerlos presentes. Así pues, lo más recomendable es que se ponga en contacto con un experto, a ser posible de su misma zona —en internet puede encontrar mucha información al respecto—, que le podrá orientar sobre cuáles son los primeros pasos y medidas que debe tomar.

LOS CARACOLES EN ESPAÑA

En España, el consumo de caracoles tiene un notable arraigo en nuestra cultura, ya que prácticamente desde siempre han formado parte de nuestra más variada y rica gastronomía.

Sin embargo, en todas las regiones no se consumen los mismos tipos de caracoles. En Andalucía, por ejemplo, la estrella culinaria es el *Theba pisana*, más conocido como «caracol blanquillo».

Otro caracol también muy consumido en nuestro país es el *Iberus gualterianus*, «vaqueta» o «vaca», aunque el más universal de todos, tanto dentro como fuera de nuestras fronteras, es el *Helix aspersa*.

Y estos animales están tan presentes entre nosotros que incluso se han convertido en el icono y protagonista de algunas fiestas. Entre las celebraciones con mayor éxito de asistencia y en las que se consumen varios cientos de kilos de caracoles, incluso toneladas, se encuentra el *Aplec del cargol* (Lérida), la Romería de San Prudencio (Álava), el día de San Jorge (Aragón), la fiesta de la Invención de la Santa Cruz (Mallorca), el Día del caracol en Riogordo (Málaga)…

DÍA DEL CARACOL EN RIOGORDO

Riogordo, pueblo ubicado en la Alta Axarquía, al borde de los Montes de Málaga, celebra su particular día del caracol el último fin de semana del mes de mayo.

Declarada fiesta de interés singular en la provincia, esta celebración consiste en la degustación de más de 350 kg de caracoles en caldillo, plato típico de Riogordo, acompañados con aceitunas y vinos de la zona.

Y como no podía ser de otra manera, el secreto de esta receta se encuentra en su caldo, elaborado con maestría a base de matalahúva, piel de naranjas agrias, cerecilla, pimienta, hierbabuena y sal.

Además de caracoles y vino, también pueden degustarse otros productos típicos de la zona, disfrutar de bailes regionales y de la banda municipal…

La fiesta en sí, instituida recientemente, tiene como principal objetivo la promoción del municipio entre los múltiples visitantes, generalmente de la comarca o provincia.

APLEC DEL CARGOL
«ENCUENTRO DEL CARACOL»

Desde 1980, a raíz de una caracolada celebrada por un grupo de amigos, y durante un fin de semana del mes de mayo, las orillas del río Segre y los Campos Elíseos de Lérida se convierten en el escenario de la conocida fiesta *Aplec del cargol*, donde cada año se reúnen más peñistas y visitantes de fuera, que acuden ilusionados a degustar diferentes recetas a base de caracoles a precios más que populares.

Las peñas, aparte de los caracoles, son la base de la fiesta —algunas están constituidas por grupos de amigos, otras por compañeros de trabajo, otras por familias completas…—, ya que ellas son las que la organizan y dirigen.

Cada peña tiene su especialidad a la hora de cocinar los caracoles, y es un verdadero espectáculo ver cómo se las ingenian los cocineros para preparar sus recetas rodeados de cientos de personas.

El *Aplec del cargol* ha sido declarada Fiesta de Interés Turístico Nacional y, aparte de comer caracoles, también se celebran carreras de caracoles, un desfile de las diferentes peñas organizadoras…, y todo ello acompañado con la incesante música.

El objetivo de la fiesta es, al fin y al cabo, pasárselo lo mejor posible comiendo caracoles, bebiendo, bailando y… jugando.

ROMERÍA DE SAN PRUDENCIO

La víspera de la romería de San Prudencio, por la tarde, en Armentia tiene lugar la tradicional Retreta y la Tamborrada, en la que un particular regimiento de cocineros y tamborileros recorren las calles.

Los símbolos de la fiesta son el caracol y el báculo del santo. La tradición invita a comer caracoles, bañados con una salsa de tomate y perretxikos (un tipo de seta), y revuelto de setas.

RECETARIO

Nota del autor: El tiempo de elaboración de las recetas es siempre aproximado. Si no se hace otra indicación, los caracoles ya deben estar limpios y cocidos antes de elaborar la receta.

Caracoles a la casera

Ingredientes
1 kg de caracoles
4 lonchas de tocino
250 g de cebollas
200 g de guisantes
200 g de judías verdes
4 dientes de ajo
1 copita de anís
1 taza de caldo
aceite de oliva virgen extra
sal, pimienta

Tiempo de elaboración
1 hora

En una cazuela con aceite de oliva, realice un sofrito con la cebolla y los ajos troceados. Salpimiente, agregue los caracoles bien escurridos y el anís, y deje cocer lentamente durante unos 30 minutos. A continuación, agregue el caldo (si no dispone de él, puede improvisar uno con un cubito de caldo concentrado desleído en agua), bien caliente, y deje en el fuego unos 20 minutos más.

Mientras tanto, cueza los guisantes y las judías con agua y sal. Cuando estén tiernos, escúrralos y viértalos en la cazuela con los caracoles. Retire la olla del fuego y manténgala tapada durante 5 minutos.

Caliente una sartén, sin aceite, y fría en ella las lonchas de tocino en su propia grasa.

Finalmente, disponga los caracoles en una fuente honda y coloque las lonchas de tocino por encima.

Caracoles a la andaluza

Ingredientes para 4 personas
1 kg de caracoles
100 g de jamón serrano
100 g de longaniza
3 dientes de ajo
1 cebolla
500 g de tomates
1/2 guindilla
perejil, hierbabuena
harina
pimienta, sal
comino
aceite de oliva virgen extra

Tiempo de elaboración
40 minutos

Coloque una cazuela en el fuego con aceite de oliva, y fría dos dientes de ajo y una cebolla grande troceada. Cuando estén bien dorados, escurra y reserve. En el mismo aceite, rehogue el jamón y la longaniza troceados; a continuación, agregue los tomates rallados, mezcle todo bien y, a los 2 minutos, añada los caracoles, un poco de perejil y de hierbabuena. Espolvoree todo con un poco de harina, cubra con agua y salpimiente.

Mientras se cuece, machaque en un mortero el diente de ajo restante, una pizca de comino, la cebolla y los ajos fritos, hasta obtener una pasta. A continuación, deslíe con una cucharada de aceite y otra de agua, y añádalo al guiso de los caracoles, junto con la media guindilla. Rectifique la sal si es necesario. La salsa ha de quedar más bien espesa.

Caracoles a la Borgoñona

Ingredientes para 4 personas
1 kg de caracoles
250 g de mantequilla
2 escalonias
1 diente de ajo
perejil
pan rallado
2 especias al gusto

Tiempo de elaboración
1 hora

Extraiga la carne de los caracoles de sus conchas, lávela en agua templada y póngala a secar sobre una rejilla, para que escurra toda el agua.

Mientras tanto, ponga en un bol 200 g de mantequilla, las escalonias y el perejil picados muy finos, un poco de sal y las especias elegidas; trabaje todos los ingredientes con una espátula. Cuando obtenga una crema más o menos espesa, vierta una cucharadita de ella en el fondo de las conchas, meta un caracol y ciérrela con un poco más de crema. Una vez rellenas todas las conchas, colóquelas en una bandeja de horno, espolvoréelas con pan rallado, riéguelas con un poco de mantequilla fundida y hornee a 200° durante 10 minutos.

Caracoles a la catalana

Ingredientes para 4 personas
1 kg de caracoles
300 g de tocino ahumado
1 kg de tomates maduros
3 cebollas
12 dientes de ajo
1 pimiento
1 guindilla
2 limones
perejil
hinojo seco
1 cucharada de pimentón
azafrán
1 l de vino blanco
1 vaso de aceite de oliva virgen extra
sal, pimienta
laurel, tomillo

Tiempo de elaboración
3 horas y 45 minutos

Caliente el aceite de oliva en una olla y rehogue en ella la cebolla cortada en láminas, los dientes de ajo enteros y sin pelar, el tocino cortado en trocitos y el pimiento cortado en dados. Dórelo todo junto. A continuación, añada los tomates pelados y troceados, el laurel, el tomillo, el perejil y el hinojo. Deje cocer a fuego lento durante 15 minutos. Luego vierta el vino, salpimiente, sazone con el pimentón y el azafrán, y agregue la guindilla y los limones cortados en trozos.

Finalmente, añada los caracoles, previamente lavados (pero no cocidos), cúbralo todo con agua, tape la olla y deje hervir durante 3 horas.

Antes de servir, retire el laurel, el tomillo y los trozos de limón.

Caracoles a la española

Ingredientes para 4 personas
1 kg de caracoles
100 g de jamón serrano
2 cebollas
3 dientes de ajo
500 g de guisantes
perejil
aceite de oliva virgen extra
1 cucharada de pan rallado
1 taza de salsa de tomate
laurel, tomillo
clavos, comino
sal, pimienta
caldo

Tiempo de elaboración
45 minutos

Corte en trocitos la cebolla, el ajo y el perejil, y rehóguelo todo en una cazuela con aceite de oliva. A continuación, añada el jamón cortado en tiras y los guisantes, y mezcle bien.

Finalmente, agregue los caracoles, el pan rallado, la salsa de tomate, preparada aparte (véase pág. 145), laurel, tomillo, clavo al gusto, comino, sal, pimienta y el caldo necesario para cubrir todos los ingredientes. Deje cocer a fuego lento durante 30 minutos aproximadamente.

Este plato se puede servir en la misma cazuela.

Caracoles al estilo de Tarragona

Ingredientes para 4 personas
4 docenas de caracoles
50 g de jamón
200 g de tomates
2 cebollas
2 dientes de ajo
1/2 guindilla
1 cucharada de pimentón
aceite de oliva virgen extra
2 cucharadas de vinagre
25 g de almendras tostadas
laurel, tomillo, perejil
1 vasito de vino blanco
50 g de miga de pan
canela en polvo

Tiempo de elaboración
1 hora

En una cazuela de barro con un poco de aceite, rehogue las cebollas, cortadas muy finas, y el jamón, en trocitos; cuando la cebolla adquiera un color dorado, añada el vino blanco y los tomates rallados. A continuación, vierta 25 cl de agua, salpimiente, y añada los caracoles y un manojo de perejil, laurel y tomillo. Tape la cazuela y deje cocer a fuego lento durante unos 30 minutos.

Mientras tanto, machaque en un mortero un poco de perejil, los dientes de ajo, la guindilla, las almendras y la miga de pan, previamente frita en aceite de oliva, hasta obtener una pasta. A continuación, agregue un poco de canela en polvo y el vinagre, y mezcle bien.

Finalmente, añada el contenido del mortero a la cazuela con los caracoles y deje cocer todo junto unos 20 minutos más.

Sirva los caracoles en una fuente espolvoreados con perejil picado.

Caracoles a la parrilla

Ingredientes para 4 personas
40 caracoles
60 g de mantequilla
perifollo
ajo

Tiempo de elaboración
20 minutos

En un mortero, machaque el perifollo y el ajo hasta obtener una pasta cremosa. A continuación, añada la mantequilla y mezcle bien.

Extraiga la carne de los caracoles de sus conchas y ensártelos en pinchos de cocina.

Finalmente, unte los caracoles con la crema de mantequilla preparada y áselos.

Una ensalada de lechuga es un buen acompañamiento para este plato, así como un buen vino tinto.

Caracoles a la madrileña

Ingredientes para 4 personas
1 kg de caracoles
2 chorizos
1 morcilla madrileña
harina
2 hojas de laurel
cilantro
pimentón dulce y picante

Tiempo de elaboración
3 horas y 20 minutos

Corte en trozos los chorizos y la morcilla, y fríalos en una sartén con un poco de aceite.

Disponga los caracoles, ya lavados y bien limpios, en una olla y cúbralos con agua. Añada dos hojas de laurel, cilantro, pimentón dulce, un poco de pimentón picante, los chorizos y la morcilla fritos, y el aceite en el que se han frito. Sazone con sal y deje cocer durante 3 horas.

--- TRUCO ---

Si transcurrido este tiempo la salsa obtenida está excesivamente líquida, puede espesarla con un poco de harina tostada.

Caracoles a la vizcaína

Ingredientes para 4 personas
1,5 kg de caracoles
100 g de jamón
100 g de chorizo
500 g de lomo de cerdo
500 g de cebollas
500 g de tomates
100 g de zanahorias
4 pimientos choriceros
puerro, ajo
1 cucharada de harina
aceite de oliva virgen extra
laurel
guindilla picante, sal
caldo

Tiempo de elaboración
1 hora y 10 minutos

En una cazuela con un poco de aceite de oliva, fría el jamón y el chorizo, cortados en trocitos; a continuación, póngalos sobre papel absorbente (para eliminar el exceso de aceite) y reserve en un plato aparte. En el mismo aceite, sofría 250 g de cebolla cortada muy fina. Una vez dorada, añada la harina, la mitad de los tomates troceados, los pimientos choriceros —previamente escaldados—, dos cucharadas de caldo, un poco de sal y la guindilla, y deje cocer durante 20 minutos hasta obtener una salsa ligera.

Mientras tanto, guise el lomo en otra olla con el resto de la cebolla y de los tomates, un poco de aceite y las zanahorias, cortadas en láminas finas o en trocitos. Cuando el lomo ya esté a punto, añada la salsa, el jamón y el chorizo fritos, y los caracoles.

Finalmente, deje cocer durante 30 minutos más y sirva.

Caracoles a la malagueña

Ingredientes para 4 personas
1 kg de caracoles
2 dientes de ajo
1 cebolla
3 tomates
25 g de almendras tostadas
1 rebanada de pan
aceite de oliva virgen extra
pimienta, canela
clavos
1/2 limón

Tiempo de elaboración
35 minutos

En una cazuela de barro, fría los ajos, las almendras y la rebanada de pan. Reserve.

Pique la cebolla muy fina y trocee los tomates, sofriendo ambos ingredientes en la misma cazuela de barro y con el aceite utilizado anteriormente. A continuación, añada los caracoles —previamente limpios y cocidos— y rehogue durante 15 minutos, junto con un poco de pimienta, canela y un clavo de especia.

En un mortero, machaque los ajos, las almendras y la rebanada de pan fritos. Añada el zumo de medio limón y viértalo todo sobre los caracoles.

Finalmente, deje cocer durante unos 10 minutos.

Caracoles a la extremeña

Ingredientes para 4 personas
50 caracoles
100 g de mantequilla
perejil
ajos
clavos de especia
tomillo
laurel
1 limón
harina

Tiempo de elaboración
20 minutos

Disponga los caracoles en una cazuela de barro, junto con la mantequilla, dos dientes de ajo, dos clavos de especia, un poco de perejil y de tomillo, unas hojas de laurel y una pizca de harina. Deje cocer durante 15 minutos aproximadamente, removiendo con cuidado y continuamente.

Antes de servir, añada el zumo de un limón o un chorrito de vinagre.

Caracoles a la toledana

Ingredientes para 4 personas
50 caracoles
500 g de tomates maduros
3 dientes de ajo
pimienta
comino
sal
3 cucharadas de vinagre

Tiempo de elaboración
25 minutos

Corte los tomates en trozos y rehóguelos en una sartén, junto con los dientes de ajo y un poco de pimienta y de comino. A continuación, incorpore los caracoles y el vinagre; mezcle los diferentes ingredientes con una cuchara de madera y deje cocer a fuego suave durante 15 minutos.

Si desea presentar la cazuela directamente en la mesa, es preferible cocinarlos en una de barro, que resultan más estéticas.

Caracoles al alioli

Ingredientes para 4 personas
1 kg de caracoles
6 dientes de ajo
aceite de oliva virgen extra
1 huevo
zumo de 1 limón
sal

Tiempo de elaboración
20 minutos

Lave y cueza los caracoles. Reserve.

La base de esta receta se encuentra en la salsa que los acompaña.

Para preparar el alioli, machaque los dientes de ajo en un mortero. A continuación, añada la yema de huevo y un pellizco de sal. Sin dejar de remover, vierta poco a poco el aceite de oliva hasta que la mezcla se espese.

Finalmente, agregue lentamente el zumo de limón y media cucharada de agua fría; remueva enérgicamente para que los ingredientes se amalgamen bien.

— Truco —

Si durante la preparación la salsa se «corta», bata otra yema de huevo y añádala poco a poco a la salsa cortada, sin dejar de remover en ningún momento y siempre en el mismo sentido.

Caracoles al estilo de Alicante

Ingredientes para 4 personas
1 kg de caracoles
150 g de jamón serrano
2 cebollas, ajos
200 g de tomates
aceite de oliva virgen extra
perejil, laurel
tomillo, clavos
pimienta, sal

Tiempo de elaboración
45 minutos

Elabore con los tomates, preferiblemente bien maduros, un puré fino y resérvelo.

A continuación, disponga los caracoles en una cazuela de barro, añada aceite de oliva, las cebollas, los ajos y el perejil picados. Rehogue bien y añada el jamón serrano, previamente cortado en trocitos, el puré de tomate, una hoja de laurel, tomillo, clavo al gusto, pimienta, sal y la cantidad de agua necesaria para cubrir todos los ingredientes.

Deje cocer a fuego lento durante unos 20 minutos.

Este plato se sirve muy caliente.

Caracoles a la aragonesa

Ingredientes para 4 personas
1 kg de caracoles
1 vaso de caldo
1 cebolla
2 dientes de ajo
1 tacita de puré de tomate (comprado o casero)
aceite de oliva virgen extra
perejil
pimentón
harina
laurel
clavos
sal

Tiempo de elaboración
1 hora

En una cazuela de barro, vierta un chorrito de aceite de oliva y sofría la cebolla, los ajos y el perejil picados. Cuando todo esté dorado, añada un poco de pimentón y dos cucharadas de harina. A continuación, remueva bien los ingredientes, vierta un poco de caldo y sazone con sal, clavos y una hoja de laurel. Deje cocer lentamente.

A los 10 minutos aproximadamente, añada los caracoles (ya cocidos) y el puré de tomate; mezcle todo con cuidado y deje cocer durante 20 minutos más.

Este plato se sirve en la misma cazuela.

Caracoles rellenos

Ingredientes para 4 personas
50 caracoles
2 zanahorias
1 corazón de apio
2 puerros
1 cebolla
miga de pan
pimienta
sal
1 limón
aceite de oliva virgen extra
hinojo

Tiempo de elaboración
1 hora y 30 minutos

Una vez cocidos, extraiga la carne de los caracoles de sus conchas y reserve, tanto los caracoles como las conchas.

Pique la cebolla muy fina, corte las verduras en trocitos y sofríalo todo en una sartén con un chorrito de aceite de oliva, junto con un poco de miga de pan. Salpimiente y condimente también con un poquito de hinojo. Transcurridos 15 minutos, retire la sartén del fuego y pase el sofrito por el chino.

A continuación, vuelva a poner el sofrito en la sartén y añada los caracoles y el zumo del limón. Fría todo junto durante 5 minutos. Rellene las conchas con un poco de salsa y un caracol.

Finalmente, disponga los caracoles rellenos en una fuente y hornee durante 5 minutos.

A la hora de servir, los caracoles se acompañan con la salsa restante, dispuesta en una salsera aparte.

Caracoles marinados

Ingredientes para 4 personas
1 kg de caracoles
4 anchoas
perejil
albahaca
2 dientes de ajo
1/2 vaso de vino blanco
vinagre
aceite de oliva virgen extra
sal, pimienta

Tiempo de elaboración
45 minutos

Vierta tres cucharadas de aceite de oliva en una cazuela y dore los ajos y el perejil picados. A continuación, añada las anchoas, previamente chafadas con un tenedor, y los caracoles, sin las conchas.

Rehogue durante algunos minutos y bañe con el vino y el vinagre. Cuando el líquido se haya evaporado casi por completo, salpimiente y mantenga en el fuego un par de minutos más.

Caracoles con sobrasada

Ingredientes para 4 personas
1 kg de caracoles
100 g de sobrasada
80 g de jamón serrano
1 cebolla
2 dientes de ajo
200 g de tomates maduros
1/2 guindilla
1 vaso de vino blanco
1 cucharada de harina
azafrán
sal

Tiempo de elaboración
1 hora

Fría el jamón, cortado en cuadraditos, en una cazuela de barro con un chorrito de aceite de oliva, junto con la cebolla, los ajos y la guindilla picados muy finos. Cuando la cebolla empiece a dorarse, añada los tomates troceados. Deje rehogar unos minutos.

A continuación, vierta el vino y deje reducir a la mitad con la cazuela tapada. Agregue la harina y sofría durante unos segundos; no deje de remover para que esta no se queme.

Luego, agregue los caracoles, unas hebras de azafrán y la sobrasada cortada en trocitos. Remueva bien todos los ingredientes y cúbralos con agua caliente o caldo.

Deje cocer a fuego lento durante 30 minutos, con la cazuela siempre tapada. Rectifique la sal si lo considera necesario.

Caracoles al estilo de la Mariona

Ingredientes para 4 personas
4 docenas de caracoles
1 cucharada de manteca de cerdo
125 g de tocino
125 g de jamón serrano
250 g de butifarra blanca
50 g de piñones
2 yemas de huevo
aceite de oliva virgen extra
caldo
pimienta negra
menta
harina

Tiempo de elaboración
1 hora

Coloque una cazuela al fuego con una cucharada de manteca de cerdo y otra de aceite de oliva y, una vez caliente, agregue el tocino cortado en trozos; cuando esté doradito, añada el jamón y la butifarra, ambos también cortados en trozos. Una vez esté todo bien frito, incorpore los caracoles, sazone con pimienta negra molida, dos hojas de menta muy picada y una cucharada de harina. Mezcle bien y cúbralo todo con caldo.

A continuación, tueste los piñones y añada los caracoles. Deje cocer todo junto a fuego lento y con la cazuela tapada hasta que la salsa se espese.

Finalmente, y justo antes de servir, deslíe las dos yemas de huevo en un poco de caldo y viértalas en la cazuela de los caracoles.

Guiso de caracoles

Ingredientes para 4 personas
1 kg de caracoles
100 g de sobrasada
2 pimientos morrones
300 g de tomates maduros
1 cebolla
1 diente de ajo
perejil
aceite de oliva virgen extra
sal, pimienta

Tiempo de elaboración
1 hora y 15 minutos

Ponga a escurrir los caracoles cocidos hasta que expulsen la última gota de agua. Mientras tanto, pique la cebolla muy fina y sofríala en una cazuela con una cucharada de aceite de oliva. Antes de que se dore por completo, incorpore la sobrasada y los pimientos morrones cortados en trocitos, y rehogue durante unos minutos. Añada los tomates maduros sin piel y cortados.

A continuación, machaque en un mortero el ajo y el perejil, deslíe con un poco de agua caliente y viértalo todo en la cazuela. Salpimiente y deje cocer todos los ingredientes juntos durante 15 minutos.

Finalmente, añada los caracoles y mantenga la cazuela a fuego lento durante unos 10 minutos más.

Caracoles rehogados

Ingredientes para 4 personas
1 kg de caracoles
pimienta
sal
harina

Tiempo de elaboración
30-45 minutos

Disponga una sartén al fuego con aceite de oliva y, cuando esté bien caliente, agregue los caracoles escurridos, sal, pimienta y un poco de harina. Remueva continuamente y con cuidado de no romper los caracoles, hasta que se forme una ligera costra sobre las conchas de estos.

Este plato se puede servir acompañado de alioli, mahonesa o salsa romesco (véase sección «Salsas», pág. 143-153).

Caracoles con picada

Ingredientes para 4 personas
1 kg de caracoles
2 cebollas
50 g de jamón serrano
50 g de almendras tostadas
1 vasito de vino blanco
1 cucharada de salsa de tomate
2 dientes de ajo
1/2 guindilla
1 rebanada de pan
vinagre
sal
perejil
laurel
orégano

Tiempo de elaboración
50 minutos

Disponga una cazuela al fuego con un poco de aceite de oliva y sofría la cebolla picada y el jamón cortado en trocitos; cuando la cebolla empiece a dorarse, añada los caracoles, el vino, la salsa de tomate (véase pág. 145), una hoja de laurel y un poco de orégano. Mezcle bien, cubra con agua y deje cocer, con la olla tapada, durante 10 minutos.

Mientras tanto, machaque en un mortero los dientes de ajo, la guindilla, la rebanada de pan, previamente frita, y las almendras tostadas. Vierta unas gotas de vinagre y continúe machacando hasta obtener una salsa muy fina. Finalmente, añada una cucharada de vinagre, un poco de perejil y remueva bien para que se amalgamen los diferentes ingredientes.

Agregue la salsa a la cazuela de los caracoles y deje cocer unos 20 minutos más.

Caracoles a la patarrallada

Ingredientes para 4 personas
1 kg de caracoles
8 dientes de ajo
miga de pan
vinagre
sal
aceite de oliva virgen extra

Tiempo de elaboración
1 hora

Este plato suele elaborarse y comerse en el campo.

Ase los caracoles, ya limpios y salados, pero sin cocer, sobre un buen rescoldo de leña, procurando que la abertura quede hacia arriba y que la misma concha sirva de «cazuela», lo cual permite que los caracoles queden completamente asados.

Cuando estén en su punto, colóquelos en una fuente y manténgalos calientes hasta el momento de servir.

Mientras tanto, machaque los dientes de ajo, junto con la miga de pan remojada con vinagre, hasta obtener una especie de alioli fuerte.

Sirva la salsa en una salsera aparte, o ponga una cucharada sobre cada uno de los caracoles asados.

Caracoles al carretero

Ingredientes para 4 personas
50 caracoles
2 yemas de huevo
miga de pan
5 dientes de ajo
pimienta
sal
perejil
2 hojitas de menta
vinagre
aceite de oliva virgen extra

Tiempo de elaboración
20-30 minutos

Limpie, prepare y ponga a escurrir los caracoles.

En este caso, el trabajo principal de la receta recae sobre la salsa.

Ponga en remojo la miga de pan con un poco de vinagre.

En un mortero, machaque los ajos, un poco de perejil y las hojitas de menta, y sazone con un poco de sal y pimienta molida. Cuando obtenga una pasta más bien homogénea, añada la miga de pan, previamente escurrida, y continúe trabajando la salsa. Poco a poco, añada aceite de oliva, como si preparase un alioli, hasta obtener la cantidad de salsa necesaria.

Antes de servir, caliente los caracoles en una sartén con un chorrito de aceite de oliva o en el horno.

Cada comensal se sirve un poco de salsa en su plato y, con un pincho, coge un caracol y lo moja en la misma.

Caracoles a la vall-honesta

Ingredientes para 4 personas
1,5 kg de caracoles
250 g de costilla de cerdo
250 g de butifarra negra
75 g de jamón
150 g de piñones
pimienta
aceite de oliva virgen extra
harina

Tiempo de elaboración
50 minutos

Ponga al fuego una cazuela de barro con una tacita de aceite y sofría la costilla de cerdo cortada en trozos, la butifarra en rodajas y el jamón en dados, durante unos 5 minutos. A continuación, añada los caracoles, ligeramente sazonados con pimienta, mezcle bien y espolvoree una cucharada de harina. Remueva ligeramente y, cuando obtenga un poco de color, cubra con agua y deje cocer a fuego lento durante 15 minutos. Finalmente, añada los piñones, rectifique la sal y deje en el fuego 15 minutos más.

Este plato se sirve muy caliente.

Caracoles con setas de San Jorge

Ingredientes para 4 personas
1 kg de caracoles
2 cebollas pequeñas
2 zanahorias
2 dientes de ajo
200 g de setas de San Jorge
4 tomates grandes y maduros
1 copita de coñac
perejil
sal
pimienta
aceite de oliva virgen extra

Tiempo de elaboración
1 hora y 30 minutos

Corte en trocitos las cebollas, las zanahorias, los ajos y el perejil. A continuación, sofríalos ligeramente en una cazuela con un chorrito de aceite de oliva. Agregue los caracoles, ya preparados de la manera habitual y bien escurridos, y rehogue todo junto durante 10 minutos a fuego moderado.

Mientras tanto, escalde las setas. Pele los tomates y páselos por el chino.

Vierta el coñac sobre los caracoles y, cuando el alcohol se haya reducido casi en su totalidad, incorpore las setas y los tomates. Mezcle bien y vierta un cucharón de agua o caldo caliente. Salpimiente y deje cocer a fuego lento durante 20 minutos.

Caracoles rebozados

Ingredientes para 4 personas
1 kg de caracoles
1 huevo
1 limón
aceite de oliva virgen extra
harina

Tiempo de elaboración
30 minutos

Extraiga la carne de los caracoles de sus conchas y póngalos a escurrir. A continuación, dispóngalos sobre una fuente y rocíelos con el zumo del limón.

Finalmente, pase los caracoles por harina y huevo batido sazonado con sal, y fríalos en una sartén con un chorrito de aceite de oliva.

Arroz con caracoles

Ingredientes para 4 personas
400 g de arroz
500 g de caracoles
200 g de cebollas
200 g de tomates maduros
200 g de guisantes
1 pimiento morrón
2 dientes de ajo
pimienta
unas hebras de azafrán

Tiempo de elaboración
50 minutos

Ya lavados y cocidos, ponga a escurrir los caracoles y reserve.

En una cazuela con un poquito de aceite, sofría ligeramente las cebollas picadas; cuando empiecen a dorarse, añada los tomates, pelados y picados, y rehóguelo todo durante 10 minutos. A continuación, agregue el arroz y dórelo un poco. Vierta agua hirviendo (el doble que de arroz) y añada los guisantes. Sazone con sal, añada los dientes de ajo y el azafrán, previamente machacados en un mortero y diluidos en una cucharada de aceite, y deje cocer todo durante 20 minutos. Compruebe de vez en cuando que el arroz no se queda sin agua.

Mientras tanto, corte el pimiento morrón en tiras y sofríalo ligeramente.

Finalmente, y cuando falten 5 minutos de cocción, añada los caracoles.

Antes de servir, decore el arroz con las tiras de pimiento, retírelo del fuego y manténgalo 5 minutos tapado.

Sirva muy caliente.

Buñuelos de caracoles

Ingredientes para 4 personas
1 kg de caracoles
1 cebolla
2 dientes de ajo
aceite de oliva virgen extra
sal
pimienta

Para la pasta de los buñuelos
100 g de harina
1 yema de huevo
aceite de oliva virgen extra
1 vasito de agua
2 claras de huevo

Tiempo de elaboración
45 minutos

Extraiga la carne de los caracoles de sus conchas y reserve.

Pique la cebolla y sofríala en una sartén con un chorrito de aceite. Cuando empiece a dorarse, añada los ajos picados y los caracoles, y salpimiente. La clave está en que la cebolla quede bien cocida, pero no excesivamente oscura.

Para elaborar la pasta de los buñuelos, ponga en un recipiente hondo la harina, un poco de sal, la yema de huevo, unas gotas de aceite y el agua. Finalmente, bata las dos claras de huevo a punto de nieve y agréguelas a la masa.

El último paso consiste en mezclar las dos elaboraciones, el sofrito con los caracoles y la pasta de buñuelos.

Por último, ponga aceite de oliva en una sartén y, cuando esté muy caliente, vierta cucharadas de la masa hasta que se termine.

Sírvalo caliente.

Conchas de caracoles

Ingredientes para 4 personas
500 g de caracoles
125 g de mantequilla
50 g de harina
1 cebolla grande
1 zanahoria
1 escalonia
1 ramillete de hierbas aromáticas (laurel, tomillo y romero)
50 g de queso gruyer
8 dl de leche
sal, pimienta
nuez moscada

Tiempo de elaboración
1 hora

Disponga una cazuela al fuego con 75 g de mantequilla y la cebolla, la zanahoria y la escalonia bien picadas. Rehogue a fuego lento durante 6 minutos. A continuación, agregue la leche, el ramillete de hierbas, sal y una ralladura de nuez moscada, y deje cocer tapado, a fuego muy lento, durante 15 minutos.
Cuele y reserve caliente.
Con la mantequilla restante, la harina y la leche elabore una besamel espesa (véase pág. 153). Luego, añada la carne de los caracoles, ya lavados, cocidos y escurridos.
Finalmente, reparta los caracoles y la leche en las conchas, póngalas en una bandeja de horno, cúbralas con la besamel, espolvoree queso rallado y dore en el horno.

Conejo con caracoles

Ingredientes para 4 personas
1 kg de conejo
4 docenas de caracoles
250 g de cebollas
1 diente de ajo
250 g de tomates maduros
1 ramillete de hierbas aromáticas
aceite de oliva virgen extra
1 cucharada de harina
50 g de almendras tostadas
25 g de piñones
1 vasito de vino rancio
1 copita de anís seco
1 sequillo, hebras de azafrán
perejil, sal, pimienta

Tiempo de elaboración
1 hora y 30 minutos

Corte el conejo en trozos (reserve el hígado para preparar una picada), salpimiéntelo, páselo por harina y fríalo en una cazuela. Cuando empiece a dorarse, añada la cebolla picada y el ramillete de hierbas aromáticas, y deje cocer a fuego lento.

A continuación, agregue el tomate, el vino y el anís, y tape hasta que el líquido se haya reducido en parte.

Mientras tanto, machaque en un mortero unas hebras de azafrán, el diente de ajo, los piñones, las almendras, unas hojas de perejil y el sequillo. Añada el hígado del conejo frito y deslíe con unas gotas de aceite de oliva y caldo del conejo hasta obtener una picada fina.

Cuando el conejo lleve 20 minutos de cocción, incorpore la picada y los caracoles bien escurridos.

Este plato se sirve muy caliente y en la misma cazuela.

Empanadillas de caracoles

Ingredientes para 4 personas
25 caracoles
200 g de cebollas
100 g de mantequilla
200 g de harina
1 huevo
sal
pimienta

Tiempo de elaboración
1 hora para la masa de las empanadillas + 45 minutos

Rehogue las cebollas, cortadas en trocitos, en 30 g de mantequilla en una cazuela tapada y a fuego lento. Si lo considera necesario, añada unas cucharaditas de agua hasta que las cebollas queden bien deshechas. A continuación, agregue la carne de los caracoles.

Para preparar la pasta de las empanadillas, derrita el resto de la mantequilla y viértala en un bol, junto con la harina, el huevo y unas cucharadas de agua salada tibia. Amase hasta obtener una masa suave y elástica; cubra con un paño de cocina y deje reposar durante 1 hora.

En el momento de hacer las empanadillas, espolvoree el mármol o la mesa de cocina con un poco de harina y extienda la pasta con un rodillo de cocina hasta que tenga aproximadamente 1 mm de espesor. A continuación, córtela en recuadros de 8 cm. En el centro de cada uno disponga una cucharada del guiso, doble en forma de empanada y redondee con la ayuda de un cortapasta.

Finalmente, fría las empanadillas en aceite muy caliente para que no se rompan.

Ensalada con caracoles

Ingredientes para 4 personas
1 kg de caracoles
1 lechuga
aceite de oliva virgen extra
1 limón
mostaza
sal
pimienta

Tiempo de elaboración
20 minutos

Extraiga la carne de los caracoles y póngalos a escurrir.

Mientras tanto, limpie la lechuga, reserve cuatro hojas grandes y pique en juliana el resto. Disponga la lechuga en el centro de una bandeja. A continuación, ponga montoncitos de caracoles en las hojas de lechuga y colóquelas alrededor de la lechuga cortada.

En un bol aparte, deslíe una cucharada de mostaza en medio vaso de aceite de oliva y el zumo del limón, salpimiente, añada perejil picado y mezcle hasta obtener una salsa más o menos líquida. Viértala sobre la lechuga cortada y los caracoles.

Finalmente, espolvoree pimienta molida por encima.

Ensalada normanda

Ingredientes para 4 personas
400 g de patatas
25 caracoles
1 diente de ajo
perejil
aceite de oliva virgen extra
vinagre
sal
pimienta

Tiempo de elaboración
35 minutos

Pele las patatas, córtelas en dados y cuézalas en una olla con agua y sal. Cuando estén en su punto, déjelas escurrir.

Extraiga la carne de los caracoles de sus conchas y reserve.

En un bol, vierta un chorrito de aceite de oliva y otro de vinagre, sal y un poco de pimienta molida. Bata todo con el fin de que se amalgamen todos los ingredientes.

Finalmente, coloque las patatas y los caracoles en una fuente de presentación y rocíe la vinagreta preparada. Antes de servir, espolvoree el ajo y el perejil picados.

Judías blancas guisadas con caracoles

Ingredientes para 4 personas
400 g de judías blancas
300 g de tomates maduros
2 pimientos verdes
25 caracoles
1 cabeza de ajos
1 hoja de laurel
aceite de oliva virgen extra
sal
pimienta

Tiempo de elaboración
1 hora

Lave bien las judías y dispóngalas en una olla con agua fría, junto con los ajos, el laurel y una cucharada de aceite de oliva. Cuando empiece a hervir, baje el fuego, pero sin perder el punto de ebullición. Sazone con sal hasta que las judías estén casi cocidas.

Mientras tanto, fría los pimientos, cortados en tiras, en una sartén con un poco de aceite y sal, y luego reserve. En el mismo aceite, sofría los tomates, cortados en trocitos y salpimentados.

Cuando las judías ya estén completamente cocidas, escúrralas y retire la cabeza de ajos y la hoja de laurel.

Finalmente, colóquelas en una fuente de presentación, agregue los caracoles, los pimientos y los tomates fritos, y rocíelo todo con el aceite de la fritada.

Langosta con caracoles

Ingredientes para 4 personas
1,5 kg de langosta
25 caracoles
500 g de tomates maduros
2 cebollas
3 dientes de ajo
1 copa de vino rancio
canela en polvo
100 g de almendras y avellanas tostadas
1 rebanada de pan
azafrán, nuez moscada
sal, pimienta
pimentón, perejil

Tiempo de elaboración
1 hora

Pique las cebollas bien finas y sofríalas en una cazuela con un poco de aceite. A continuación, corte la langosta en trozos y dórela junto con la cebolla; manténgala en el fuego hasta que el caparazón de la langosta se vuelva muy rojo. Llegados a ese punto, añada los tomates, pelados y picados, y sazone con sal, pimentón, bastante pimienta molida y una ralladura de nuez moscada.

Seguidamente, machaque en un mortero los dientes de ajo, el azafrán, las almendras y avellanas y la rebanada de pan, previamente frita en un poco de aceite y sazonada con perejil; deslíe con una cucharada de caldo para obtener una salsa muy fina. Vierta la salsa en la olla del guiso de langosta y deje cocer durante 10 minutos.

Finalmente, sirva la langosta en una fuente, disponga a su alrededor los caracoles, y cúbralo todo con la salsa que ha quedado en la olla.

Pollo con caracoles

Ingredientes para 4 personas
1,2 kg de pollo
4 docenas de caracoles
100 g de tocino entreverado
200 g de cebolla
200 g de tomates maduros
aceite de oliva virgen extra
10 almendras tostadas
1 ramillete de hierbas aromáticas
1 diente de ajo, hebras de azafrán
1 vasito de vino rancio seco
1/2 copa de aguardiente
1 cucharada rasa de harina
2 pimientos de romesco secos
2 rebanaditas de pan, pimienta, sal

Tiempo de elaboración
1 hora

Trocee el pollo y salpimiente. En una cazuela de barro con un chorrito de aceite de oliva, fría ligeramente el tocino cortado en tiras e incorpore el pollo. Cuando esté dorado, agregue la cebolla picada y el ramillete de hierbas aromáticas. Añada el tomate cortado en trocitos, el vino y el aguardiente. Tape la cazuela y deje reducir el vino a la mitad.

Mientras tanto, machaque en un mortero unas hebras de azafrán, el ajo, los pimientos, las almendras, unas hojas de perejil y las rebanaditas de pan también fritas. Cuando todo esté bien amalgamado, incorpore el hígado de pollo, previamente frito y deslíe con unas gotas de aceite de oliva y una cucharada del mismo caldo del pollo hasta obtener una salsa fina. Viértala en la cazuela, junto con los caracoles, y rectifique la sal y la pimienta.

Tallarines con caracoles al gratín

Ingredientes para 4 personas
400 g de tallarines
50 g de jamón de York
500 g de caracoles
75 g de mantequilla
50 g de harina
50 g de queso rallado
50 cl de leche

Tiempo de elaboración
25 minutos

Disponga una cazuela en el fuego con agua abundante, sal y un chorrito de aceite de oliva; cuando empiece a hervir, incorpore los tallarines. Deje cocer durante 15 minutos y escurra.

A continuación, colóquelos en una bandeja de horno, junto con el jamón cortado en trocitos, la mitad del queso, los caracoles sin su concha y una besamel previamente elaborada (véase pág. 153).

Finalmente, espolvoree los caracoles con el queso restante, agregue un poco de mantequilla y gratine durante unos minutos en el horno.

Caracoles con queso a la romana

Ingredientes para 4 personas
50 caracoles
250 g de mantequilla
1 cucharada de perejil
3 dientes de ajo
1 escalonia
100 g de queso de Parma
pimienta molida, sal
nuez moscada
vino blanco

Tiempo de elaboración
45 minutos

Ponga la mantequilla, el ajo, el perejil y la escalonia picados, el queso rallado, un poco de sal, pimienta y ralladura de nuez moscada en un bol grande; trabaje todos los ingredientes hasta obtener una masa fina y cremosa.

A continuación, extraiga la carne de los caracoles de sus conchas. Lávelas y séquelas bien con un trapo de cocina.

Vierta un poco de la masa en cada una de las conchas, luego un caracol, un poco más de masa y, finalmente, unas gotas de vino blanco.

Disponga los caracoles rellenos en una fuente para horno y gratine durante 7 minutos.

Este plato se sirve justo después de sacarlo del horno.

Caracoles asados al estilo de Languedoc

Ingredientes para 4 personas
4 docenas de caracoles
2 lonchas de tocino ahumado
hinojo y tomillo en polvo
sal, pimienta

Tiempo de elaboración
30 minutos

Una vez cocidos, ponga los caracoles a escurrir para que expulsen toda el agua.

Mientras tanto, coloque una parrilla sobre las brasas de una barbacoa o chimenea y una rejilla fina, para evitar que los caracoles se caigan directamente sobre las brasas.

Sazone los caracoles escurridos con sal, pimienta e hinojo y tomillo en polvo (la cantidad depende del gusto, aunque el término medio es de una cucharada de cada especia), colóquelos sobre la rejilla y áselos bien.

A la par también puede asar el tocino, cortado en trocitos pequeños.

Los caracoles y el tocino se pueden comer directamente del fuego, alternando los ingredientes.

Caracoles a la *cèvenole*

Ingredientes para 4 personas
1 kg de caracoles
150 g de tocino magro
5 anchoas
1 cebolla
4 tomates
1 diente de ajo
200 g de espinacas
caldo de carne
laurel
tomillo
aceite de oliva virgen extra
sal

Tiempo de elaboración
1 hora

Cueza los caracoles y déjelos escurrir.

Corte el tocino en dados pequeños y póngalo en una cazuela con un poco de aceite de oliva. Cuando empiece a dorarse, añada la cebolla, previamente picada, el laurel y el tomillo. Una vez la cebolla empiece a coger color, agregue los tomates, cortados en trozos, el diente de ajo y las espinacas; deje cocer todo hasta que el agua que hayan soltado los diferentes ingredientes se haya reducido completamente.

A continuación, añada el caldo de carne y las anchoas cortadas en tiras finas.

Finalmente, agregue a la cazuela los caracoles, que ya habrán escurrido el agua, mezcle todo bien y cueza durante 30 minutos.

Si desea la salsa más espesa, puede añadir un poco de miga de pan.

Caracoles al estilo *gourmand*

Ingredientes para 4 personas
1 kg de caracoles
5 trufas
caldo de carne
200 g de mantequilla
miga de pan
perejil
pimentón
pimienta molida

Tiempo de elaboración
45 minutos

Extraiga la carne de los caracoles de sus conchas y lávelas con agua templada; ponga a escurrir sobre una rejilla los caracoles y las conchas.

Mientras tanto, pique las trufas muy finas y mézclelas con el caldo de carne. A continuación, vierta un poco de caldo dentro de cada concha, vuelva a meter un caracol, recubra ligeramente con el preparado de caldo y trufa, y tape con un poco de mantequilla, trabajada previamente con pimienta molida y perejil picado.

Finalmente, disponga los caracoles en una fuente para el horno y cúbralos uno a uno con una cucharadita de miga de pan frita.

Hornee durante unos minutos y sirva.

Brochetas de caracoles

Ingredientes para 4 personas
1 lata de caracoles preparados
chicharrones
1 lata de champiñones
2 huevos
corteza de pan rallada

Tiempo de elaboración
30 minutos

Con el buen tiempo, apetece cocinar y comer al aire libre, y si además se puede disfrutar de los caracoles, el día será perfecto.

A continuación, presentamos una receta poco conocida y con la que seguro deleitará a sus familiares y amigos. Para mayor facilidad, se utilizarán caracoles en lata, aunque esta receta también se puede elaborar con caracoles frescos.

Corte los chicharrones muy finos, fríalos ligeramente en una sartén o a la barbacoa y reserve.

Alternadamente, ensarte en pinchos de cocina caracoles, chicharrones y champiñones. Bañe en huevo batido y reboce con pan rallado.

Finalmente, dore en la parrilla, evitando en todo momento el contacto directo con las llamas.

Caracoles a la italiana

Ingredientes para 4 personas
1 lata de caracoles
1 lata de salsa de tomate
2 tomates
ajo
corteza de pan duro
aceite de oliva virgen extra
perejil
1 hoja de salvia
harina o maicena

Tiempo de elaboración
45 minutos

Para este plato es preferible emplear caracoles en conserva.

Corte el ajo muy fino y la corteza de pan en trocitos; sofríalos en una sartén con un chorrito de aceite de oliva. Transcurridos unos minutos, añada los tomates cortados en daditos, la salsa de tomate (véase pág. 145), el perejil picado y la hoja de salvia. Deje cocer unos 15 minutos.

A continuación, agregue los caracoles y deje cocer durante 10 minutos más.

Finalmente, espese la salsa con un poquito de maicena o harina y sirva.

Tortilla de caracoles

Ingredientes para 4 personas
1 lata de caracoles
6 huevos
harina
aceite de oliva virgen extra
sal, pimienta

Tiempo de elaboración
20 minutos

Deje escurrir los caracoles para que eliminen toda el agua de la conserva.

A continuación, espolvoréelos con harina, sal y pimienta molida, y fríalos ligeramente en una sartén con un chorrito de aceite de oliva. Cuando empiecen a dorarse, añada los huevos batidos. Proceda igual que cuando realiza una tortilla, dando la vuelta de vez en cuando.

Para conseguir que esta receta sea mucho más sabrosa, puede añadir a los huevos batidos unas finas hierbas.

Caracoles *grand-mère*

Ingredientes para 4 personas
4 docenas de caracoles (en lata)
100 g de panceta
100 g de jamón serrano
2 anchoas
2 dientes de ajo
100 g de nueces peladas
corteza de pan duro rallada
2 cucharadas soperas de aceite de oliva
harina, perejil
sal, pimienta

Tiempo de elaboración
1 hora y 30 minutos

Esta original receta constituye un plato fuerte, ya que es muy completa. Para acompañarla, se pueden servir espinacas picadas y un buen vino tinto.

En un mortero, machaque las nueces, las anchoas, y el ajo y el perejil picados.

Corte en pequeños dados la panceta y el jamón, y saltéelos ligeramente en una sartén; cuando empiecen a dorarse, añádalos al mortero. Deje reposar unos segundos y agregue una cucharadita de harina y un poco de sal y pimienta. Mezcle bien y deslíe con un vaso de agua.

Ponga el contenido del mortero en una pequeña olla, a fuego lento, y remueva constantemente hasta que la salsa se espese; a continuación, agregue los caracoles, tape y deje cocer a fuego lento durante 1 hora aproximadamente.

Si la salsa no se espesa lo suficiente, unos 5 minutos antes de retirar la olla del fuego puede añadir una cucharada de corteza de pan rallada.

Este plato se sirve bien caliente.

Champiñones rellenos de caracoles

Ingredientes para 4 personas
1 lata de caracoles
500 g de champiñones grandes
mantequilla de caracoles

Tiempo de elaboración
30 minutos

Quite los pies a los champiñones y lávelos bien debajo del grifo. A continuación, sazónelos con sal, imprégnelos con aceite de oliva y hornee ligeramente durante unos minutos. Es importante retirarlos cuando empiecen a volverse mustios.

Finalmente, rellénelos con la carne de los caracoles, recúbralos con mantequilla de caracol e introdúzcalos de nuevo en el horno durante unos minutos más.

Caracoles a la *dijornnaise*

Ingredientes para 4 personas
1 lata de caracoles
3 escalonias
3 dientes de ajo
250 g de ajo
250 g de mantequilla
250 g de médula de buey
1 trufa pequeña
1 vaso de vino blanco
sal, pimienta

Tiempo de elaboración
45 minutos

Extraiga la carne de los caracoles de sus conchas. Pique los dientes de ajo, las escalonias y la trufa, pero sin mezclar los ingredientes.

En una sartén con un chorrito de aceite, sofría ligeramente la mitad de las escalonias, junto con la mitad del vino blanco. Cuando la salsa haya reducido una tercera parte, pásela por un lienzo y vierta un poco del jugo obtenido en cada una de las conchas de los caracoles.

En otra sartén, funda la mantequilla y mézclela con la médula. Remueva durante unos minutos hasta que ambos ingredientes estén bien amalgamados. Salpimiente y agregue las escalonias, los dientes de ajo, la trufa y la carne de los caracoles. Con esta masa, termine de rellenar las conchas de los caracoles.

Finalmente, hornee a 210° durante 7-8 minutos. Sirva inmediatamente.

Caracoles con mantequilla de anchoas

Ingredientes para 4 personas
125 g de mantequilla
50 g de anchoas
1 lata de caracoles

Tiempo de elaboración
1 hora

Esta variante del caracol relleno clásico consiste en reemplazar el relleno normal por mantequilla de anchoas. Con ello se consigue un gusto especial y sorprendente. La mantequilla de anchoas se puede comprar preparada, pero es preferible elaborarla en casa, ya que siempre será más sabrosa.

Desale los filetes de anchoa durante 30 minutos en agua tibia. Elimine todas las espinas y machaque los filetes en un mortero, junto con la mantequilla. Trabaje hasta obtener una pasta untuosa.

Disponga una cucharadita de mantequilla de anchoa sobre cada uno de los caracoles y hornéelos a fuego suave durante unos minutos.

Caracoles a la *poulette*

Ingredientes para 4 personas
4 docenas de caracoles
50 cl de caldo de ave
1 cebolla
50 g de mantequilla
30 g de harina
1 limón
3 yemas de huevo
sal, pimienta
perejil

Tiempo de elaboración
40 minutos

Cueza los caracoles y déjelos escurrir.

En una cazuela, derrita la mitad de la mantequilla y mézclela con la harina. A continuación, añada el caldo y cueza durante 15 minutos.

En una segunda cazuela, derrita la mantequilla restante con la cebolla picada, y deje cocer a fuego lento, con la olla siempre tapada. Cuando la cebolla adquiera un color dorado, agregue los caracoles y sazone con sal. Seguidamente vierta el caldo y deje hervir unos 5 minutos.

Aparte, mezcle en un bol las yemas de los huevos con el zumo del limón y perejil picado; deslíe la salsa con un poco de caldo y viértala sobre los caracoles. Remueva continuamente hasta que empiece a hervir.

Este plato se sirve bien caliente.

Caracoles a la moda del Poitou

Ingredientes para 4 personas
4 docenas de caracoles
1 ramillete de hierbas aromáticas
2 dientes de ajo
6 patatas
sal, pimienta
perejil
mantequilla
harina
vino blanco seco
crema fresca

Tiempo de elaboración
3 horas

Disponga los caracoles limpios, aún no cocidos, en una cazuela y cúbralos con agua. Añada las hierbas aromáticas, sal, pimienta molida, perejil y los dientes de ajo sin pelar.

A continuación, agregue las patatas, lavadas pero sin pelar, y deje cocer a fuego lento durante unas 2 horas.

Mientras tanto, elabore una salsa con la mantequilla y la harina, en una olla pequeña en el fuego durante 3 minutos sin dejar de remover ni un segundo. Luego, vierta un cucharón del caldo de los caracoles y un vaso de vino blanco. Mézclelo todo en la batidora para que se espese un poco.

Antes de que finalicen las 2 horas de cocción de los caracoles y las patatas, extraiga los ajos, macháquelos y añádalos a la salsa.

Sazone los caracoles con pimienta y déjelos hervir unos minutos más, escúrralos y dispóngalos en otra cazuela, junto con la salsa. Deje cocer todo junto durante 30 minutos.

Finalmente, coloque los caracoles y la salsa en una bandeja de presentación, rodeados de patatas cortadas en rodajas.

Caracoles de Grimod de la Reynière

Ingredientes para 4 personas
4 docenas de caracoles
500 g de champiñones
1 vaso de vino blanco
2 yemas de huevo
1 limón
1 vaso de caldo
nuez moscada
perejil
sal, pimienta

Tiempo de elaboración
3 horas

Esta antigua receta ya no es muy factible hoy en día, pero hemos querido incluirla por resultar verdaderamente sorprendente.

Caliente agua de río con un puñado de cenizas de madera nueva. En cuanto empiece a hervir, introduzca los caracoles. Tras el primer hervor, reduzca el fuego para que se mantengan en agua simplemente caliente.

Repita la operación con agua nueva. Prosiga la cocción de los caracoles hasta que se reblandezcan por completo. Luego, déjelos escurrir.

Mientras tanto, cueza los champiñones en un poco de agua de los caracoles y vino blanco. A continuación, añada las yemas de huevo, batidas con el perejil picado, una pizca de nuez moscada y el zumo del limón.

Finalmente, introduzca los caracoles, remueva todos los ingredientes en el fuego durante unos minutos y sirva.

Resulta evidente que para realizar esta receta bastaría con reemplazar el agua de río por agua corriente, pero no se obtiene el mismo sabor.

Caracoles a la meridional

Ingredientes para 4 personas
*4 docenas de caracoles
panceta ahumada
jamón serrano
filetes de anchoa
nueces picadas
aceite de oliva virgen extra
2 cucharadas de aguardiente
tomillo
laurel
finas hierbas al gusto
menta
harina
yemas de huevo*

Tiempo de elaboración
4 horas y 30 minutos

Para elaborar este plato es preferible utilizar caracoles recogidos en septiembre, cuando están atiborrados de plantas aromáticas. También se pueden emplear caracoles de criadero, que se dejarán en remojo varios días con ramas de tomillo.

Lave bien los caracoles con sal y vinagre, y cuézalos durante 1 hora: los primeros 30 minutos a fuego medio y los segundos a fuego muy vivo. Una vez cocidos, escúrralos, extraiga la carne de las conchas y envuélvalos con una tira de panceta.

Seque bien las conchas y disponga en cada una unas gotas de aceite de oliva y un caracol. Cueza a fuego fuerte durante 3 horas, junto con todas las especias, aguardiente y tomillo.

Cuando el caldo se haya reducido, vierta la mitad en una cazuela, junto con el jamón, los filetes de anchoa, las finas hierbas, perejil picado y nueces machacadas. Reduzca la salsa con una cucharada de harina requemada y yemas de huevo.

Finalmente, saltee ligeramente los caracoles en la salsa.

Caracoles de Alejandro Dumas

Ingredientes para 4 personas
*4 docenas de caracoles
jaramago
nuez moscada
1 limón
pimienta molida
harina
mantequilla
caldo de ave
yemas de huevo*

Tiempo de elaboración
1 hora

A Alejandro Dumas le encantaban los caracoles preparados de una forma bastante personal.

Extraiga la carne de los caracoles de sus conchas y córtela en dados. A continuación, cuézala con jaramago, perejil, nuez moscada y pimienta en grano durante 45 minutos.

Finalmente, añada el zumo del limón y una cucharada de salsa rubia, elaborada con harina, mantequilla, caldo de ave y yemas de huevo.

Fondue de caracoles

Ingredientes para 8 personas
*8 docenas de caracoles
aceite de oliva virgen extra
salsas varias*

Tiempo de elaboración
15 minutos

Extraiga la carne de los caracoles de sus conchas y colóquelos en una bandeja.

Caliente unos 3 cm de aceite de oliva en el recipiente de la *fondue* y, cuando la temperatura se acerque al punto de ebullición, dispóngalo sobre la mesa. Manténgalo bien caliente.

Tal y como se hace en la *fondue* de queso o carne, los comensales fríen los caracoles insertados previamente en un pincho y los sazonan con diferentes salsas (véase sección «Salsas», págs. 143-153).

Caracoles a la maña

Ingredientes para 4 personas
4 docenas de caracoles
1 cebolla
1 diente de ajo
perejil picado en gran cantidad
1 taza de salsa de tomate
2 cucharadas soperas de pimentón dulce o picante
2 cucharadas soperas de harina
1 taza de aceite de oliva virgen extra
caldo de carne o pollo
1 hoja de laurel
agua, sal

Tiempo de elaboración
20 minutos

Elabore una fritura en aceite de oliva con la cebolla, el diente de ajo y el perejil picados. Sazone con un poco de pimentón y añada la harina. Remueva durante 2 minutos y, a continuación, vierta los caracoles. Prosiga removiendo para que los caracoles se impregnen bien de la fritura.

Finalmente, añada la hoja de laurel y la salsa de tomate (véase pág. 145).

Sirva muy caliente.

Caracoles a la antigua

Ingredientes para 4 personas
4 docenas de caracoles
1 cebolla
menta
aceite de oliva virgen extra
piñones
azafrán
2 yemas de huevo

Tiempo de elaboración
30 minutos

En una cazuela con un chorrito de aceite, rehogue la cebolla y la menta picadas. Cuando la cebolla empiece a dorarse, añada los caracoles, cubra todos los ingredientes con agua y deje cocer a fuego lento.

Mientras tanto, elabore una salsa con piñones, azafrán, especias varias, las yemas de huevo y un poco del agua de cocción de los caracoles.

Finalmente, vierta la salsa en la olla de los caracoles, deje unos minutos más en el fuego y sirva muy caliente en una fuente de presentación.

Caracoles a las hierbas

Ingredientes para 4 personas
4 docenas de caracoles
1 cebolla
sal
orégano
tomillo
ajedrea
ajo
perejil
vinagre

Tiempo de elaboración
45 minutos

Cueza los caracoles y déjelos escurrir.

Mientras tanto, pique la cebolla y rehóguela en una sartén con un chorrito de aceite de oliva. Cuando los caracoles hayan expulsado toda el agua, agréguelos a la sartén con la cebolla.

Realice una salsa a base de ajo, perejil y especias, todo machacado en el mortero y desleído con un chorrito de aceite.

Vierta un vaso de agua hirviendo, sazone con sal y añada las hierbas aromáticas (orégano, tomillo, ajedrea…), picadas finamente, y la salsa. Cueza a fuego lento hasta que el líquido de la cocción se reduzca.

Finalmente, y antes de retirar del fuego, vierta unas gotas de vinagre.

Puede servir los caracoles acompañados de alioli o mahonesa (véanse pág. 149).

Caracoles y pollo al ajillo

Ingredientes para 4 personas
1 pollo troceado y limpio de 1,2 kg
500 g de caracoles
3 dientes de ajo
300 g de cebolla
1 guindilla
3 hojas de laurel
300 ml de aceite de oliva virgen extra
150 ml de vino blanco
perejil
sal, pimienta

Tiempo de elaboración
1 hora

Cueza los caracoles durante 10 minutos junto con un diente de ajo entero, una hoja de laurel, una guindilla y unos granos de pimienta negra.

Corte los ajos restantes en finas láminas y la cebolla en tiras.

Caliente un poco de aceite de oliva en una cazuela y rehogue los ajos hasta que se doren. Retire de inmediato. A continuación, rehogue la cebolla durante 10 minutos y reserve.

Salpimiente los trozos de pollo y, en el mismo aceite, fríalos ligeramente. Cuando estén dorados, añada los caracoles escurridos y aclarados, el ajo, la cebolla, el laurel, el perejil picado y el vino blanco. Deje reducir a fuego lento durante unos minutos, rectifique la sal si fuera necesario y sirva.

Tortellini de caracoles con crema de perejil y ajo

Ingredientes para 4 personas
500 g de caracoles cocidos
16 obleas para empanadillas
1 huevo
50 g de mantequilla
1 zanahoria
2 ramas de apio
2 cebollas pequeñas
6 dientes de ajo
150 g de perejil
100 g de espinacas
50 cl de caldo de pescado
2 cucharadas de nata líquida
aceite de oliva virgen extra
estragón, perifollo, cebollino
sal, pimienta

Tiempo de elaboración
1 hora

Pele, corte y sofría ligeramente las verduras. A continuación, añada las hierbas frescas, sal y pimienta. Remueva y deje enfriar.

Separe la carne de los caracoles de las conchas y reserve.

Extienda las obleas y pinte el borde con el huevo batido. Disponga un caracol y un poco de verdura en cada una.

Para elaborar la crema, corte los ajos en finas láminas y dórelos. Añada la cebolla, las espinacas y el perejil picados, rehogue hasta que todos los ingredientes se ablanden y añada 750 ml de caldo de pescado. Hierba durante 5 minutos y triture hasta obtener un fino puré. A continuación, añada la nata y rectifique la sal y la pimienta.

Hierva los *tortellini* en agua y sal, y escúrralos.

Caracoles dulces y picantes estilo ornosa

Ingredientes para 6 personas
200 g de picadillo de jamón, bacón, chorizo y tocino
3 kg de caracoles ya cocidos
1 pastilla de caldo de carne
1 cebolla mediana
3 dientes de ajo
1 ramita de perejil
1/2 guindilla
3 cucharadas de azúcar
1 vaso de tomate triturado (natural)
1 lata de tomate frito
aceite de oliva virgen extra
sal

Tiempo de elaboración
45 minutos

Pele la cebolla y los dientes de ajo. En una batidora, triture la cebolla, los dientes de ajo, la pastilla de caldo, el perejil y la media guindilla. Póngalo todo en una sartén y sofríalo con abundante aceite. Vierta el tomate triturado y déjelo en el fuego durante 10 minutos.

Cuando el tomate ya esté casi listo, añada el azúcar, el tomate frito y el picadillo, y fríalo todo durante otros 5 minutos. Mientras tanto, escurra bien los caracoles.

Finalmente, agréguelos a la sartén con la fritura y cocínelo todo a fuego lento durante 10 minutos aproximadamente.

Rectifique la sal y sirva muy caliente.

Llegumet

Ingredientes para 4 personas
250 g de habichuelas
300 g de pencas de acelgas
250 g de nabos
250 g de patatas
1 ñora
200 g de arroz
500 g de caracoles
3 cucharadas de aceite de oliva virgen extra
6 hebras de azafrán
1 clavo, sal
pimienta molida

Tiempo de elaboración
1 hora

Ponga las habichuelas en remojo la noche anterior.

Pele los nabos y córtelos en trocitos. Escurra las habichuelas, colóquelas en una olla, cúbralas con agua fría y añada los nabos cortados y los caracoles. Cuézalo todo a fuego lento.

Mientras tanto, corte las pencas de acelga en trozos y, cuando las habichuelas ya estén tiernas, añádalas a la olla.

Fría la ñora, previamente remojada y escurrida, en aceite de oliva durante unos minutos.

En un mortero, machaque la ñora, el clavo, las hebras de azafrán y un poco de sal y pimienta, hasta obtener una pasta homogénea. Incorpore la picada a la olla, así como las patatas peladas y cortadas. Remueva de vez en cuando y prosiga la cocción durante 15 minutos. Finalmente, agregue el arroz. Reduzca el fuego y deje cocer unos 18-20 minutos, hasta que el arroz esté listo.

Fritada de conejo con caracoles

Ingredientes para 4 personas
1 conejo de 1,5 kg
500 g de caracoles
2 kg de tomates
500 g de pimientos verdes
500 g de cebollas
ajos
aceite de oliva virgen extra
sal

Tiempo de elaboración
30 minutos

Trocee el conejo, sazónelo, fríalo en aceite de oliva y resérvelo.

En el mismo aceite, sofría los ajos, en un primer momento, y posteriormente las cebollas y los pimientos, todo cortado en pequeños trozos. Cuando empiece a pocharse, añada el tomate natural cortado en dados.

En una cazuela honda, vierta los caracoles, el tomate frito y el conejo. Déjelo a fuego lento durante unos 5 minutos.

Conviene dejar reposar 5 minutos este plato antes de servir, con el fin de que todos los ingredientes se impregnen de los diferentes olores y sabores.

Caracoles a la *gormanta*

Ingredientes para 4 personas
1 kg de caracoles
100 g de jamón serrano
1 cebolla
4 dientes de ajo
aceite de oliva virgen extra
1 guindilla
2 cucharadas de harina
sal
pimienta

Tiempo de elaboración
50 minutos

Corte la cebolla muy fina, el jamón en dados y los ajos laminados. Sofríalo todo junto con un poco de guindilla. Cuando el sofrito esté casi listo, espolvoree la harina y salpimiente.

A fuego lento, remueva de vez en cuando hasta que la harina se deshaga por completo, aproximadamente unos 20 minutos.

Si lo prefiere, puede añadir media taza de tomate triturado.

Arroz con codornices y caracoles

Ingredientes para 4 personas
1 tarro de caracoles cocidos
2 codornices cortadas por la mitad
250 g de arroz
3/4 l de caldo de ave
2 pimientos verdes
1 cebolla
1 tomate
aceite de oliva virgen extra
sal

Tiempo de elaboración
50 minutos

En una paellera, poche la cebolla, los pimientos y el tomate, todo previamente picado y sazonado.

Cuando esté dorado, añada las codornices y rehogue ligeramente. A continuación, añada el arroz, mezcle bien y vierta el caldo (2 partes de agua por cada parte de arroz y un poco más).

Cuando empiece a hervir, agregue los caracoles e introduzca la paellera en el horno, precalentado a 180-190° durante 18 minutos.

Este plato también se puede servir acompañado de alioli.

Caracoles de la abuela Luisa

Ingredientes para 4 personas
1 kg de caracoles
300 g de jamón serrano
150 g de bacón
250 g de carne picada (cerdo y ternera)
1 l de caldo de pollo
250 g de nueces, 2 cebollas
1 cabeza de ajos
3 pimientos choriceros
1 cucharada de pimentón dulce
1 cucharada de pimentón picante
4-5 guindillas de cayena
3-4 hojas de laurel
aceite de oliva virgen extra
nuez moscada, perejil, sal

Tiempo de elaboración
4 horas

Cuando ya tenga los caracoles limpios y preparados, cúbralos con agua y cuézalos junto con una cebolla entera, una cabeza de ajos, el laurel, el perejil, dos guindillas de cayena y los pimientos choriceros.

Pique muy finamente la cebolla restante, el jamón, el bacón y las nueces. En una cazuela con aceite de oliva, poche previamente la cebolla y, cuando esté dorada, agregue los otros ingredientes picados, así como la carne picada.

En el mortero, machaque dos dientes de ajo, dos guindillas y la ralladura de la nuez moscada. Añada la picada al guiso, así como la carne de los pimientos choriceros cocidos y el caldo de pollo. Cocine a fuego suave durante 15 minutos.

Finalmente, agregue los caracoles cocidos, dos dientes de ajo, también cocidos y chafados con un tenedor. Mantenga a fuego lento durante unos minutos y sirva inmediatamente.

Cazuela de caracoles

Ingredientes para 4 personas
1,5 kg de caracoles
100 g de jamón serrano
100 g de panceta
1 chorizo colorado
salsa de tomate
1 cebolla
3 dientes de ajo
aceite de oliva virgen extra
agua
perejil picado
sal

Tiempo de elaboración
30 minutos

Rehogue la cebolla y los dientes de ajo en aceite de oliva. Añada la panceta, el jamón y el chorizo, también cortados en trocitos. A continuación, agregue los caracoles, ya cocidos, y la salsa de tomate (véase pág. 145), pasada previamente por el chino.

Finalmente, vierta el agua necesaria para cubrir los ingredientes y cuézalo todo a fuego lento durante 15 minutos para que se amalgamen bien todos los sabores.

Espolvoree un poco de perejil picado y sirva en la misma cazuela.

Caracoles rellenos de jamón con conejo

Ingredientes para 4 personas
1/2 conejo
4 docenas de caracoles
150 g de jamón serrano
150 g de chorizo
1 vaso de tomate casero
2 cebollas
4 dientes de ajo
4 pimientos del piquillo
1/2 guindilla picante
1 vaso de vino blanco
aceite de oliva virgen extra
pimienta, pimentón, perejil picado, sal

Tiempo de elaboración
1 hora

Extraiga la carne de los caracoles de sus conchas. Pique el jamón serrano en dados y distribúyalos en las conchas, junto con los caracoles.

Corte los dientes de ajo muy finos y sofríalos en una cazuela con un chorrito de aceite de oliva. Antes de que empiecen a dorarse, agregue las cebollas picadas y la media guindilla. Sazone al gusto y rehóguelo todo durante 5 minutos.

Pique el chorizo y añádalo al guisado. Espolvoree un poco de pimentón. A continuación, trocee el conejo, salpimiéntelo y rehóguelo ligeramente en una cazuela con un poco de aceite. Vierta el vino blanco y agua suficiente para cubrirlo. Cueza a fuego lento durante 20 minutos.

Pique los pimientos del piquillo y agréguelos a la cazuela del conejo, así como la salsa de tomate (véase pág. 145) y los caracoles. Cuézalo todo junto a fuego lento unos 5 minutos.

Finalmente, espolvoree un poco de perejil picado y sirva en la misma cazuela.

Caracoles con tomate

Ingredientes para 4 personas
500 g de caracoles gordos
250 g de tomate pelado y rayado
50 g de chorizo
50 g de jamón serrano
1 cebolla
2 ajos
1 pimiento verde
aceite de oliva virgen extra
romero
tomillo
perejil
2 cayenas

Tiempo de elaboración
1 hora y 45 minutos

Corte el chorizo y el jamón serrano en dados y fríalos en una cazuela de barro con aceite de oliva.

Seguidamente, corte en juliana la cebolla, el pimiento verde, los ajos y las cayenas, y añádalo todo a la cazuela. Sazone al gusto.

Cuando el sofrito ya esté casi listo, añada un poco de romero, perejil, orégano y los caracoles. Cueza durante 15 minutos a fuego fuerte removiendo constantemente. A continuación, añada el tomate y una cucharadita de azúcar para quitar la acidez. Finalmente, reduzca el fuego al mínimo y deje cocer durante 1 hora.

Caracoles a la manta

Ingredientes para 4 personas
1 kg de caracoles
3 cebollas
tocino
2 ajos
1 cucharada de harina
1 l de gaseosa
aceite de oliva virgen extra
pimienta, sal

Tiempo de elaboración
3 horas y 30 minutos

Disponga los caracoles limpios en una cazuela y cúbralos con gaseosa. Cueza a fuego lento hasta que estén listos. Escurra y reserve.

A continuación, sofría las cebollas, los ajos picados y una hoja de laurel. Agregue los caracoles y el tocino cortado en dados, salpimiente y fríalo todo junto unos 10 minutos.

Finalmente, añada una cucharada de harina y remueva bien hasta que se amalgame con el resto de ingredientes.

Caracoles a la riojana

Ingredientes para 4 personas
1 kg de caracoles
100 g de chorizo
100 g de jamón serrano
100 g de tocino
100 g de manteca de cerdo
2 pimientos rojos
500 g de tomates maduros
1 cebolla
2 guindillas
1 cucharada de harina
1 vasito de vino tinto
aceite de oliva virgen extra
sal, pimienta

Tiempo de elaboración
1 hora

Quite las semillas de los pimientos y córtelos en tiras. Los tomates pelados, en dados pequeños. Fríalo todo en una sartén con un chorrito de aceite de oliva y resérvelo caliente.

En otra sartén, prepare un sofrito con la manteca de cerdo y la cebolla, el tocino, el jamón y el chorizo muy picados. Cuando ya esté listo, añada las guindillas y la harina. Salpimiente y remueva bien. A continuación, vierta el vino tino, el sofrito de pimientos y tomates, y los caracoles.

Cueza lentamente todos los ingredientes durante 30 minutos. Si el líquido se consume en exceso, puede añadir pequeñas cantidades de agua caliente.

Caracoles con chorizo

Ingredientes para 6 personas
1 kg de caracoles
250 g de chorizo
150 g de jamón picado
200 g de tomate frito
1 cebolla
2 dientes de ajo
guindillas
150 g de harina
azafrán
aceite de oliva virgen extra
1 vaso de vinagre
1 vaso de vino blanco
sal

Tiempo de elaboración
1 hora y 15 minutos

Pique la cebolla y los dientes de ajo, y rehóguelos en una cacerola con un poco de aceite de oliva. Cuando la cebolla empiece a dorarse, añada el jamón y el chorizo cortados en dados, guindilla al gusto, una pizca de azafrán, el tomate frito, sal y una cucharada de harina. A continuación, agregue los caracoles y el vino tinto.

Cúbralo todo con agua y deje cocer 45 minutos a fuego lento hasta que la salsa sea espesa y sabrosa.

Sirva en la misma cazuela.

Jamoncitos de pollo con setas y caracoles

Ingredientes para 4 personas
4 muslos y contramuslos de pollo
50 g de setas
12 caracoles
1 cebolla
1 zanahoria
3 tomates
2 dientes de ajo
aceite de oliva virgen extra
1 vaso de vino blanco
50 cl de caldo de carne o verduras
sal

Tiempo de elaboración
1 hora y 30 minutos

Deshuese los muslos y contramuslos de pollo y resérvelos.

Pique finamente la cebolla, un diente de ajo y un tomate, y sofríalo todo en una sartén con un poco de aceite de oliva. A continuación, añada las setas y los caracoles, y sazone.

Rellene los jamoncitos de pollo con este sofrito y átelos.

En una cazuela baja, añada 4 cucharadas de aceite caliente, media cebolla y la zanahoria cortadas en daditos, un ajo y los jamoncitos de pollo. Fríalo todo a fuego bajo para que el pollo también se haga por dentro. Cuando empiece a dorarse, agregue el vino blanco y deje que se consuma todo el alcohol.

A continuación, añada los tomates cortados por la mitad y, a los 5 minutos, el caldo. Cueza a fuego lento, removiendo de vez en cuando, durante 1 hora aproximadamente.

Finalmente, retire los jamoncitos y pase la salsa por el pasapurés y un colador fino.

Sirva los jamoncitos de pollo sin la cuerda y la salsa en una salsera aparte.

Garbanzos con conejo y caracoles

Ingredientes para 4 personas
500 g de conejo
400 g de caracoles
200 g de garbanzos
2 patatas medianas
1 zanahoria
1 puerro (la parte blanca)
2 tomates maduros, 1 cebolla
1 pimiento verde
1 pimiento choricero
4 dientes de ajo
aceite de oliva virgen extra
2 ramitas de perejil
1 hoja de laurel, azafrán, sal

Tiempo de elaboración
3 horas

Ponga en remojo los garbanzos.

Al día siguiente, lávelos bien bajo el agua del grifo y cuézalos en una cazuela, junto con la zanahoria y el puerro, durante 2 horas a fuego suave. Mientras tanto, dé un ligero hervor de unos 10 minutos a los caracoles. Reserve tanto los garbanzos como los caracoles cocidos.

A continuación, trocee el conejo y corte todas las verduras en dados.

Dore ligeramente el conejo en una cazuela, añada el pimiento verde y la cebolla troceados, y el tomate triturado. Cuando las verduras estén pochas, agregue los caracoles, el majado, las patatas, peladas y cortadas, y los garbanzos. Cúbralo todo con agua. Deje cocer a fuego lento durante 20 minutos.

Finalmente, retire del fuego y deje reposar 30 minutos antes de servir.

Arroz con conejo y caracoles

Ingredientes para 4 personas
200 g de arroz
300 g de conejo troceado
2 docenas de caracoles
1 cebolla
1 tomate grande maduro
1 diente de ajo
aceite de oliva virgen extra
azafrán
pimienta negra
sal

Tiempo de elaboración
1 hora y 15 minutos

Corte el conejo en trozos y sofríalo en la paellera con un poco de aceite de oliva muy caliente. Cuando la carne empiece a dorarse, añada la cebolla, el tomate y el ajo bien picados. Cúbralo todo con agua, salpimiente, añada una hebras de azafrán y déjelo estofar durante 45 minutos.

Finalmente, agregue el arroz y los caracoles, y déjelo cocer unos 18-20 minutos a fuego fuerte.

Retire la paellera del fuego, cúbrala con un trapo de cocina y déjela reposar durante 5 minutos.

Caracoles en salsa de ortigas

Ingredientes para 4 personas
*4 docenas de caracoles grandes
25 o 30 tallos de ortiga recién recogidos
1 zanahoria
1 cebolla
200 g de mantequilla
1 vaso de vino blanco
laurel, tomillo
perejil, sal*

Tiempo de elaboración
1 hora

Escurra bien las hojas de ortiga y tritúrelas en la batidora, junto con la mantequilla y un poco de sal y pimienta.

Prepare un caldo corto: cueza las verduras y las especias en un litro de agua y un vaso de vino blanco durante 30 minutos. Retire las verduras y cueza, en el mismo caldo, los caracoles durante 15 minutos, para que cojan sabor. Escurra y reserve.

Incorpore la zanahoria y la cebolla en la batidora, junto con la mantequilla de ortigas y un poco de caldo. Bata hasta obtener un puré fino y homogéneo.

Finalmente, reparta los caracoles en cazuelitas individuales, cúbralos con la salsa de ortigas y hornéelos durante unos minutos, procurando que la salsa no rompa a hervir.

Consejo

Para consumir las ortigas, blanquéelas en agua hirviendo y sal durante apenas medio minuto. A continuación, póngalas en un cazo con agua y cubitos de hielo, para que las hojas queden firmes y verdes. A partir de este momento las ortigas ya se pueden consumir.

Caracoles de tierra en salsa

Ingredientes para 4 personas
50-60 caracoles
500 g de tomates maduros
500 g de cebollas
100 g de panceta de cerdo
100 g de almendra
2 dientes de ajo
1 guindilla
pimentón dulce
aceite de oliva virgen extra
sal

Tiempo de elaboración
30 minutos

Pique muy fino las cebollas y los tomates, y elabore un sofrito. Cuando ya esté listo, añada una cucharadita de pimentón dulce.

Corte la panceta de cerdo en dados y póngala a hervir con una guindilla, un poco de agua y el sofrito hasta que esté tierna.

Mientras tanto, fría ligeramente las almendras y macháquelas en un mortero, junto con los ajos. A continuación, añádalo a la cazuela con la panceta, así como los caracoles. Rectifique la sal y déjelo cocer durante unos 5 minutos.

Potaje de garbanzos y caracoles

Ingredientes para 4 personas
250 g de garbanzos
250 g de caracoles
250 g de judías verdes
500 g de patatas
cebolla
tomate
pimentón
aceite de oliva virgen extra
sal

Tiempo de elaboración
2 horas

La noche anterior, ponga en un recipiente los garbanzos en remojo con agua y sal.

Corte las judías y las patatas en trozos, y póngalas a cocer, junto con los caracoles y los garbanzos, durante 1 hora y media aproximadamente.

Mientras tanto, prepare un sofrito con la cebolla y los tomates en una sartén con un poco de aceite. Cuando las verduras estén pochas, añada el pimentón.

Finalmente, agregue el sofrito a la olla y déjelo cocer todo junto unos 15 minutos.

Caracoles al vapor con jengibre

Ingredientes para 4 personas
250 g de caracoles
200 g de arroz
100 g de jamón serrano
2 cebolletas (sólo la parte verde)
2 trozos de raíz de jengibre
15 g de manteca
5 cucharones de caldo
glutamato, grasa de pollo
sal, pimienta

Tiempo de elaboración
1 hora

Corte la parte verde de las cebollas por la mitad: con la parte más verde realice un nudo, y corte la más tierna en rodajas.

Escurra los caracoles y póngalos en un cuenco refractario. Distribuya por encima el jamón, cortado en tiras, los palitos de jengibre, los nudos de cebolleta y la manteca fría y cortada en dados. Tape y cueza al vapor hasta que todos los ingredientes estén bien cocidos.

Quite los nudos de cebolletas y el jengibre, y coloque el resto en un cuenco de presentación. Vierta en un cacito el caldo, una pizca de glutamato, la cebolleta cortada en rodajas y dos cucharadas de grasa de pollo. Lleve a ebullición y sazone.

Mientras tanto, y en una olla aparte, cueza el arroz.

Sirva este plato en su cuenco acompañado con el arroz blanco hervido y la salsa de caldo y cebolletas.

El glutamato monosódico es la sal de sodio del ácido glutámico y se obtiene a través de un proceso de fermentación a partir de la caña de azúcar o de algunos cereales.
Se utiliza como aditivo saborizante o potenciador de aroma.

Pimientos del piquillo con caracoles y setas

Ingredientes para 4 personas
16 pimientos del piquillo
250 g de caracoles
250 g de setas de cardo
100 g de jamón con tocino
500 g de tomates maduros
2 cebollas
ajo
guindilla

Tiempo de elaboración
45 minutos

Ase los pimientos y, cuando estén fríos, límpielos y córtelos en tiras.

Pique la cebolla y corte en trocitos el jamón, los tomates y un ajo. Sofríalo todo a fuego lento en una cazuela de barro con un poco de aceite de oliva. Si se reseca en exceso, puede añadir un poco de agua.

Finalmente, añada los caracoles, las setas y los pimientos. Deje cocer todo junto durante 15 minutos a fuego lento.

Arroz caldoso de caracoles y acelgas

Ingredientes para 4 personas
16 caracoles
400 g de arroz
300 g de acelgas
100 g de tomate frito
2 dientes de ajo
1 cucharada de perejil picado
pimentón dulce
azafrán
sal

Tiempo de elaboración
45 minutos

Pique los ajos y fríalos en una cazuela de barro con un chorrito de aceite. A continuación, añada el pimentón, el tomate frito y el perejil. Rehogue bien el sofrito y, cuando ya esté listo, agregue los caracoles, medio litro de agua y las acelgas, lavadas y cortadas. Cuézalo todo junto durante 10 minutos a fuego fuerte.

Finalmente, añada el arroz, sazone y deje cocer durante 20 minutos más.

Sirva el plato muy caliente.

Caracoles a la mantequilla

Ingredientes para 4 personas
1 tarro de caracoles en su concha
50 g de mantequilla
1 limón
1/2 diente de ajo
tomillo
1 cucharada de perejil picado
estragón
pimienta molida
sal

Tiempo de elaboración
25 minutos

Extraiga la carne de los caracoles de sus conchas y reserve.

Mezcle en un cuenco la mantequilla, las hierbas finamente picadas, una cucharadita de zumo de limón, sal y pimienta.

Disponga un poco de esta mezcla en cada una de las conchas, y a continuación, un caracol. Cierre con otra pequeña porción de mantequilla con hierbas.

Coloque los caracoles rellenos en una fuente y métala en el microondas a máxima potencia durante 3 minutos.

Finalmente, déjelos reposar unos 2-3 minutos y sirva.

Caracoles a la francesa

Ingredientes para 4 personas
1 kg de caracoles
200 g de mantequilla
1 zanahoria
1 escalonia
1 cebolla
3 dientes de ajo
1 taza de agua
1 taza de vino blanco seco
pan rallado
perejil
tomillo
1 hoja de laurel
sal
pimienta negra molida

Tiempo de elaboración
4 horas

Para esta receta, realice la última cocción de los caracoles sólo con la carne, es decir, sin las conchas, junto con la zanahoria y la cebolla troceadas, el vino, el agua, sal, pimienta, tomillo y una hoja de laurel. Cueza y espume frecuentemente durante 3 horas como mínimo, a fuego lento y con la olla tapada.

Mientras tanto, lave los caparazones vacíos y cuézalos en abundante agua unos 30 minutos; a continuación, refrésquelos con agua fría y séquelos bien.

Pique los ajos, la escalonia y el perejil; agregue estos ingredientes a un cuenco, así como una pizca de sal, otra de pimienta y la mantequilla. Remueva bien hasta conseguir una pasta homogénea.

Introduzca en cada caparazón una cucharadita de la pasta de mantequilla, un caracol y tape con otro poco de mantequilla.

Ponga los caracoles en una fuente, espolvoree un poco de pan rallado y hornee durante 8 minutos a 200°.

Sirva inmediatamente.

Caracoles con jamón

Ingredientes para 4 personas
40 caracoles grandes
10 lonchas finas de jamón serrano
1/4 de rama de apio
1/4 de puerro
1/4 de cebolla
1/2 vaso de vino blanco
laurel
tomillo
sal
aceite de oliva virgen extra

Tiempo de elaboración
1 hora

Corte el apio, el puerro y la cebolla en pequeños dados.

Coloque los caracoles, la verdura troceada, laurel, tomillo y medio vaso de vino blanco en una cacerola, cúbralo todo con agua, sazone y deje cocer 30 minutos.

A continuación, extraiga la carne de los caracoles de sus conchas y envuélvala con tiras de jamón. Reserve el agua de cocción.

Justo antes de servir, saltee los caracoles con jamón en una sartén con un poco de aceite de oliva.

Sopa de hierbas frescas con agraz, caracoles y senderuelas

Ingredientes para 4 personas
20 caracoles
20 rodajas finas de panceta de cerdo
20 senderuelas
2 dientes de ajo
3 rodajas de pan integral
2 cucharadas soperas de agraz
1 cucharada de romero picado
1 cucharada de tomillo picado
2 cucharadas de hinojo picado
2 cucharadas de cebollino picado
aceite de oliva virgen extra, sal

Tiempo de elaboración
1 hora

Sofría los ajos en una olla. Vierta un litro de agua y, cuando hierva, agregue las hierbas y deje cocer a fuego lento.

A continuación, triture el pan integral y el agraz con un chorro de aceite de oliva, y agréguelos a la olla.

Extraiga la carne de los caracoles y envuélvala con una tira de panceta. Limpie las senderuelas y quíteles el tronco. Confítelas con un poco de aceite a fuego suave; a continuación, incorpore los caracoles y continúe la cocción. Agréguelos a la sopa. Finalmente, espolvoree por encima hinojo, cebollino y unas hojas de perifollo fresco.

El agraz es un condimento empleado en la cocina desde hace muchos siglos. Aunque tuvo su época de esplendor en la Edad Media, todavía suele emplearse para la elaboración de algunas recetas. Es ideal para los platos cuyas materias primas tienen grasa (ciertas carnes, fuagrás, pescados azules…) o bien para contrarrestar el dulzor de otras, como cebollas, mantequillas, etc.

Caracoles a la hierbabuena

Ingredientes para 4 personas
1 kg de caracoles
1 rodaja de pan
40 g de almendras
tomillo
hierbabuena
5 granos de pimienta
1/2 cabeza de ajos
3 dientes de ajo
1 hoja de laurel
sal
1/2 cebolla
pimentón

Tiempo de elaboración
1 hora y 30 minutos

Cueza los caracoles con laurel, sal, pimienta, un ramillete de tomillo y media cabeza de ajos durante 30 minutos aproximadamente.

Seguidamente, sofría en una sartén los dientes de ajo, la cebolla y las almendras finamente picados y la tostada de pan. Cuando el sofrito esté casi listo, agregue una pizca de pimentón y apártelo del fuego.

A continuación, tritúrelo todo con la batidora y añádalo a los caracoles, así como las hojas de hierbabuena. Déjelo cocer todo junto unos 5 minutos.

Lo ideal es cocinar este plato el día anterior, con la finalidad de que los caracoles se impregnen bien de todos los sabores que les rodean.

Caracoles valleseco

Ingredientes para 4 personas
1 kg de caracoles
100 g de jamón serrano
100 g de chorizo
2 tomates
1 cebolla roja grande
dientes de ajo
1 guindilla
1 ramillete de hierbas aromáticas
1 pimiento rojo
50 g de hinojo
50 g de almendras
1 l de caldo de carne
10 cl de vino blanco
sal
canela en polvo

Tiempo de elaboración
1 hora y 30 minutos

Prepare un sofrito con la mitad de la cebolla, el jamón serrano y el pimiento rojo cortados en daditos, y unos dientes de ajo.

Cuando la cebolla esté pocha, agregue los tomates sin pepitas y rallados, el vino blanco y las hierbas frescas. Sofríalo todo unos 15 minutos.

Mientras tanto, en un mortero, preferiblemente de mármol, machaque las almendras, el hinojo y guindilla al gusto.

Finalmente, disponga los caracoles en una olla y agregue el sofrito, el majado y el caldo de carne. Déjelo cocer durante unos 45 minutos. Rectifique la sal y la pimienta, añada el chorizo y la canela, y continúe la cocción 15 minutos más.

Sirva muy caliente.

Arroz con conejo, caracoles y garbanzos

Ingredientes para 4 personas
300 g de arroz
100 g de garbanzos
1 kg de conejo
16 caracoles
aceite de oliva virgen extra
tomillo
hebras de azafrán
1 tomate maduro
1/2 cabeza de ajos
1/2 pimiento rojo
sal, pimienta negra en grano

Tiempo de elaboración
90 minutos

Trocee el conejo y fríalo en abundante aceite y tomillo; cueza los garbanzos (si es necesario, déjelos la noche de antes en remojo en agua y sal).

A continuación, y en el mismo aceite del conejo, sofría unos dientes de ajo, el pimiento rojo, previamente cortado en tiras, y los garbanzos cocidos. Reserve en un plato aparte las tiras de pimiento.

Ponga una olla con agua, junto con los trozos de conejo, unos granos de pimienta negra, unas hebras de azafrán y los caracoles. Cuando empiece a hervir, baje el fuego y manténgalo caliente mientras prepara el resto de la receta.

En una paellera, sofría el tomate rallado con un poco de aceite. A continuación, añada el arroz, remueva bien y agregue el resto de ingredientes y caldo suficiente para cubrirlo todo.

Cueza durante unos 20 minutos sin remover, añada caldo si lo considera oportuno.

Finalmente, cuando falten 5 minutos, decore la paella con las tiras de pimiento.

Pollo con setas y caracoles

Ingredientes para 4 personas
1 pollo
1 kg de setas naturales variadas
500 g de caracoles
100 g de avellanas tostadas
200 g de almendras tostadas
caldo de ave
5 dientes de ajo
1 galleta salada
perejil
1 copa de coñac
aceite de oliva virgen extra
pimienta molida, sal

Tiempo de elaboración
90 minutos

Corte el pollo en trozos, fríalo hasta que se dore y póngalo sobre papel absorbente para eliminar el aceite sobrante.

En el mismo aceite, elabore un sofrito con tres dientes de ajo y la cebolla troceada, sin tapar la sartén.

Limpie las setas, trocéelas y saltéelas en otra sartén con aceite y un diente de ajo laminado.

Ponga el pollo y el sofrito en una cazuela grande, vuelva a calentarlo y, cuando empiece a hervir, añada pimienta molida, sal y una copa de coñac. Deje evaporar todo el alcohol y, a continuación, añada los caracoles y las setas. Cubra todos los ingredientes con caldo y deje cocer a fuego lento.

A continuación, prepare una picada con las almendras, las avellanas, un diente de ajo, la galleta y el perejil; deslíelo con un poco de caldo de los caracoles y el pollo.

Cuando el pollo esté tierno, retire la cazuela del fuego, añada la picada y remueva bien. Tape y deje reposar unos minutos.

Capricho de jarretes de ternasco de Aragón con caracoles

Ingredientes para 4 personas
4 jarretes
500 g de caracoles
2 pimientos rojo
2 pimientos verdes
3 cebollas
2 ajos
50 cl de caldo de ternasco
aceite de oliva virgen extra
sal
vino blanco
redaño

Tiempo de elaboración
1 hora

Corte las verduras en trozos pequeños.

Fría los jarretes en una sartén con aceite de oliva; cuando estén dorados, añada las verduras cortadas y poche a fuego lento.

A continuación, agregue los jarretes y el vino, y deje reducir. Añada los caracoles y el caldo, y remueva.

Separe los jarretes, los caracoles y la salsa. Cuele esta última para conseguir un sabor suave. Reserve las verduras.

Extraiga la carne de los caracoles de las conchas y manténgalos calientes.

Extienda el redaño sobre el mármol de trabajo, haga cuatro trozos y coloque en cada uno un jarrete y verduras. Envuélvalos individualmente.

Finalmente, hornee los caprichos a 160° durante 3 minutos.

Para la presentación, bañe el plato con la salsa caliente y disponga un jarrete y unos cuantos caracoles.

Arroz caldoso con conejo y caracoles

Ingredientes para 4 personas
1 conejo
2 docenas de caracoles
400 g de arroz
1 l de caldo
2 tomates
1 pimiento verde
4 ajos
200 g de almendras tostadas
200 g de pan frito
azafrán
perejil
2 hojas de laurel
pimienta
sal
aceite de oliva virgen extra

Tiempo de elaboración
45 minutos

Corte el conejo en trozos, sazónelo con sal, pimienta y tomillo, y fríalo en un chorrito de aceite de oliva. Añada la cebolla, el pimiento y tres ajos picados. Deje dorar. A continuación, agregue los tomates, pelados y cortados en trozos, el arroz y el caldo de carne.

Cueza unos minutos a fuego lento y añada los caracoles.

Por último, prepare una picada con el pan, las almendras, un ajo y el hígado frito del conejo. Añádala al arroz 5 minutos antes de acabar la cocción.

Arroz estilo Moncayo

Ingredientes para 4 personas
1 conejo
un cuello de ternasco
400 g de arroz
500 g de caracoles
2 cebollas
3 pimientos verdes
3 tomates
1,2 l de agua
aceite de oliva virgen extra
ajo, tomillo, sal

Tiempo de elaboración
50 minutos

Trocee el conejo (reserve el hígado) y el cuello de ternasco en trozos y fríalos en una sartén con aceite de oliva hasta que se doren.

Pique la cebolla, los pimientos y los tomates pelados, y añádalos a la carne. Poche las verduras.

A continuación, vierta el contenido de la sartén en una bandeja para horno y sazone. Agregue los caracoles y el arroz. Remueva y reserve.

En un mortero, prepare una picada con los ajos y el hígado frito. Añada un chorrito de aceite de oliva y viértalo todo sobre el arroz.

Finalmente, vierta el agua y hornee durante 20 minutos desde el momento en que empiece a hervir.

Calderete

Ingredientes para 6 personas
6 docenas de caracoles blancos naturales o en lata
200 g de champiñones
200 g de setas de temporada
3 chalotes
2 dientes de ajo
30 g de mantequilla (preferiblemente sin sal)
2 cucharadas de vino tinto
60 cl de vino de Chablis
60 cl de caldo de ave
perejil picado
3 cucharadas de nata para cocinar
sal
pimienta negra molida

Tiempo de elaboración
1 hora

Trocee el conejo, corte en rodajas pequeñas el lomo de cerdo, en trocitos el chorizo, en dados el tocino y los pimientos en tiras. Rehóguelo todo en una paella con abundante aceite de oliva y los dientes de ajo enteros.

Mientras tanto, pele y corte las patatas. Cuando la carne esté casi lista, agréguelas y dórelas ligeramente.

Cubra todos los ingredientes con agua, añada los espárragos y los guisantes y deje cocer a fuego lento durante 1 hora. A continuación, vierta los caracoles y prolongue la cocción 20 minutos más.

Rectifique la sal y sirva.

Cazuelitas de caracoles con vino de Chablis

Ingredientes para 6 personas
6 docenas de caracoles blancos naturales o en lata
200 g de champiñones
200 g de setas de temporada
3 chalotes
2 dientes de ajo
30 g de mantequilla (preferiblemente sin sal)
2 cucharadas de vino tinto
60 cl de vino de Chablis
60 cl de caldo de ave
perejil picado
3 cucharadas de nata para cocinar
sal
pimienta negra molida

Tiempo de elaboración
1 hora

Pele y pique finamente los chalotes y los dientes de ajo. A continuación, limpie los champiñones y las setas, trocéelos y báñelos ligeramente en agua con vinagre.

En una sartén, derrita la mantequilla a fuego lento. Agregue los chalotes picados y rehóguelos durante 3-4 minutos. Luego, añada los caracoles, el caldo de ave, el vino de Chablis, los champiñones y las setas.

Cueza durante unos 15 minutos, salpimiente y vierta la nata y los ajos, previamente machacados.

Finalmente, deje cocer unos 5 minutos más.

Sirva en cazuelitas individuales y, para el toque final, espolvoree un poco de perejil picado.

Caracoles a la *llauna*

Ingredientes para 4 personas
4 docenas de caracoles
8 dientes de ajo grandes
perejil
vinagre
aceite de oliva virgen extra
coñac
sal

Tiempo de elaboración
30 minutos

Machaque los ajos y el perejil en un mortero. Páselo a un recipiente con tapa y añada el coñac y el vinagre en partes iguales, abundante aceite de oliva y sal. Cierre el recipiente y agítelo durante 2 minutos.

Coloque los caracoles en una plancha de hierro u hojalata, con la abertura hacia arriba, y rocíelos con la salsa, procurando que caiga dentro de los caracoles. Ponga la plancha sobre fuego fuerte o brasas hasta que estén cocidos.

Sírvalos muy calientes.

Caracoles con caracolas

Ingredientes para 4 personas
300 g de caracoles
375 g de caracolas de pasta
salsa de tomate picante
aceite de oliva virgen extra
sal

Tiempo de elaboración
25 minutos

Cueza la pasta en abundante agua hirviendo con sal hasta que esté al dente. A continuación, escúrrala bien y colóquela en una fuente.

Caliente los caracoles y la salsa de tomate (véase pág. 145), y agréguelo todo a la fuente con la pasta.

Sirva inmediatamente.

Caracoles al horno

Ingredientes para 4 personas
1 kg de caracoles
150 g de manteca de cerdo
2 zanahorias
1 cebolla
2 dientes de ajo
1 hoja de laurel
tomillo
perejil
pimienta molida
sal

Tiempo de elaboración
1 hora

Extraiga la carne de los caracoles de sus conchas, lávelas y resérvelas.

Ponga a cocer los caracoles en agua con sal, junto con un diente de ajo, las zanahorias, la cebolla, laurel y tomillo.

Mientras tanto, pique muy fino el diente de ajo restante y el perejil. Mezcle ambos ingredientes con un poco más de la mitad de la manteca de cerdo, y salpimiente. Amase hasta que los ingredientes estén bien amalgamados.

Disponga un poco de la mezcla de manteca en el fondo de las conchas, introduzca los caracoles, previamente escurridos, y tape con manteca sola.

Coloque los caracoles rellenos en una fuente para el horno y hornéelos durante 5 minutos.

Sirva el plato caliente.

Caracoles y setas al vino

Ingredientes para 4 personas
4 docenas de caracoles
100 g de setas de temporada
250 g de chalotes
200 g de zanahorias
200 g de cebollas
200 g de mantequilla
perejil
ajo
50 cl de vino blanco seco
50 cl de vino tinto
300 g de salsa de carne demiglace
hierbas aromáticas (tomillo, laurel)

Tiempo de elaboración
1 hora y 15 minutos

Para que se impregnen bien de los diferentes sabores, cueza los caracoles durante 1 hora en una olla con el vino blanco, las zanahorias y las cebollas troceadas, unos 150 g de chalotes picados y las hierbas aromáticas. A continuación, escúrralos.

Extraiga la carne de los caracoles de sus conchas, corte en láminas las setas de temporada y fríalo todo en una sartén con la mitad de la mantequilla.

Mientras tanto, machaque en un mortero los ajos y el perejil, y añádalos a la sartén. Mezcle bien todos los ingredientes, retire la sartén del fuego y déjela tapada durante unos minutos.

Finalmente, reduzca el vino tinto con los chalotes restantes en otra sartén, añada la salsa de carne y la mantequilla restante hasta obtener una salsa ligera.

Sirva los caracoles bien calientes acompañados con las setas y la salsa.

Fritada de hortalizas con caracoles y lechecillas

Ingredientes para 4 personas
250 g de caracoles
100 g de setas de chopo
100 g de lechecillas
1 hueso de jamón
1 manojo de espárragos trigueros
2 calabacines, 1 cebolla
ajos, 1 tomate
2 pimientos verdes
2 patatas
aceite de oliva virgen extra
10 cl de vino blanco
harina
sal, pimienta
tomillo, perejil

Tiempo de elaboración
1 hora y 15 minutos

Pele y corte las patatas, los tomates y los calabacines en rodajas finas; la cebolla, las setas y los pimientos verdes, en tiras, y los ajos, en trozos muy pequeños.

Fría en una sartén con aceite de oliva la cebolla y los ajos; cuando empiecen a dorarse, añada los pimientos, las setas, los calabacines y el tomate. Rehogue durante unos minutos y agregue las patatas. Aparte, cueza los caracoles durante unos minutos con un diente de ajo, tomillo y el hueso de jamón. Cuele y reserve caliente.

Lave las lechecillas, córtelas en trozos pequeños y saltéelas con un poco de aceite y dos dientes de ajo. Cuando estén listas, añada una pizca de harina y el vino blanco. Reduzca y sazone.

Disponga la fritada, los caracoles y las lechecillas en una cazuela de barro, y caliente a fuego lento.

Hortera de Torre del Compte

Ingredientes para 4 personas
200 g de caracoles
200 g de judías verdes
100 g de guisantes
200 g de alcachofas
200 g de flor de calabaza
1 cebolla mediana
2 tomates grandes
2 dientes de ajo
1 pimiento grande
50 cl de agua
aceite de oliva virgen extra
sal

Tiempo de elaboración
40 minutos

En una cazuela con un chorrito de aceite, sofría los ajos, la cebolla picada, el pimiento cortado en dados y el tomate pelado y troceado.

En una sartén, rehogue las judías verdes, las alcachofas, la flor de calabaza y los guisantes durante 5 minutos.

Cuando las verduras estén listas, añádalas a la cazuela, junto con el agua caliente. Cueza durante unos 15 minutos.

Finalmente, agregue los caracoles y deje cocer todo junto durante 6 minutos.

Sirva muy caliente.

Jamoncitos de pollo con setas y caracoles al jugo de chilindrón

Ingredientes para 4 personas
1 kg de setas de cardo
500 g de caracoles
4 muslos de pollo
150 de jamón serrano
1 kg de pimientos rojos
750 g de pimientos verdes
750 g de tomates maduros
250 g de cebolla
2 dientes de ajo
harina
1 hoja de laurel
1 guindilla
aceite de oliva virgen extra
10 cl de vino blanco seco
sal, pimienta

Tiempo de elaboración
2 horas

Pase el pollo por harina, salpimiéntelo y dórelo en una sartén con aceite de oliva. Póngalo en una cazuela, junto con el vino blanco, y deje reducir.

Aparte, sofría ligeramente el jamón serrano cortado en dados, junto con los ajos y guindilla al gusto. A continuación, añada la cebolla picada y la hoja de laurel. Rehogue durante 5 minutos. Agregue los pimientos y los tomates troceados, sazone y cueza durante 15-20 minutos. Luego, viértalo en la cazuela con el pollo y deje cocer hasta que esté tierno. Reserve el pollo, y pase la salsa de chilindrón por el chino y el colador.

A continuación, limpie las setas, sazónelas y saltéelas en una sartén a fuego fuerte.

Vuelva a poner el pollo en una cazuela, añada la salsa, las setas cortadas y el jugo que han soltado, y los caracoles. Cuézalo todo junto durante unos minutos.

Meloso de manitas de recebo con caracoles a la antigua

Ingredientes para 4 personas
250 g de manitas cocidas
250 g de carne picada
pasas, piñones tostados
3 huevos
sal, pimienta
telilla de crepineta

Para los caracoles
500 g de caracoles
aceite de oliva virgen extra
aceite balsámico
3 chalotes
1 nuez de mantequilla
fondo de cerdo

Tiempo de elaboración
1 hora y 30 minutos

Corte las manitas muy finas y colóquelas en una fuente. Agregue la carne picada, los frutos secos y los huevos. Salpimiente y mezcle bien todos los ingredientes.

Extienda la telilla, córtela en trozos y ponga una bola de masa en cada uno. Fríalos ligeramente en una sartén con aceite de oliva. Finalmente, hornéelos durante 7 minutos.

Mientras tanto, pique finamente los chalotes y póchelos. Agregue el aceite balsámico y reduzca a la mitad. Vierta el fondo de cerdo y dele brillo con la nuez de mantequilla. Agregue los caracoles, sin las conchas, y déjelo cocer todo junto a fuego lento.

Para la presentación, coloque dos o tres melosos de manitas por plato y báñelos con el jugo de los caracoles.

Paella aragonesa

Ingredientes para 4 personas
250 g de arroz
400 g de caracoles
200 g tocino curado
250 g de judías verdes
250 g de calabacín
250 g de acelgas
1 pimiento verde
1 cebolla
8 flores de calabacín
4 dientes de ajo
1 patata
2 tomates medianos
2 huevos cocidos
1 l de agua
sal
aceite de oliva virgen extra
pimienta negra molida

Tiempo de elaboración
45 minutos

Corte en trocitos la cebolla, los ajos y el pimiento verde, y sofríalos en una paellera. A continuación, añada los tomates pelados y troceados. Cuando el sofrito esté listo, vierta el agua y, en cuanto empiece a hervir, agregue todas las verduras, las patatas troceadas y los caracoles.

Transcurridos 10 minutos de cocción, vierta el arroz. Cuando las verduras estén al dente, añada la flor de calabacín y un chorrito de aceite de oliva virgen. Salpimiente al gusto y deje cocer durante 5 minutos.

Caracoles hojaldrados

Ingredientes para 4 personas
4 docenas de caracoles
100 g de mantequilla
2 cucharaditas de ajo picado
2 cucharaditas de perejil picado
1/2 cucharadita de tomillo fresco picado
1/2 taza de vino blanco
200 g de pasta de hojaldre
sal, pimienta

Tiempo de elaboración
35 minutos

Extraiga la carne de los caracoles de sus conchas y fríala ligeramente en una sartén junto con la mantequilla, el ajo, el perejil y el tomillo. A continuación, vierta el vino, salpimiente y deje cocer durante 10 minutos.

Extienda la pasta de hojaldre y córtela en tiras. Ponga un caracol y un poco de mantequilla con hierbas en cada una, y enrolle.

Disponga los caracoles en una fuente para el horno y hornéelos a 150° durante 15 minutos o hasta que la pasta se dore.

Caracoles picantes

Ingredientes para 4 personas
1 kg de caracoles
2 cebollas
2 dientes de ajo
1 lata de tomate triturado
1 vaso de vino blanco
2 cayenas
1 pastilla de caldo
agua
sal

Tiempo de elaboración
50 minutos

Vierta un chorro de aceite en una cazuela y dore los ajos y las cebollas bien picados. A continuación, añada el tomate triturado y las cayenas. Remueva bien todos los ingredientes y agregue los caracoles y el vino blanco. Deje reducir un poco e incorpore la pastilla de caldo diluida en un poco de agua.

Cueza durante unos 20 minutos o hasta que la salsa esté suficientemente espesa.

Sirva inmediatamente.

Caracoles a la brutesca

Ingredientes para 4 personas
*4 docenas de caracoles
8 dientes de ajo
pimienta negra molida
pimentón, sal
vinagre
aceite de oliva virgen extra*

Tiempo de elaboración
45 minutos

En una tabla de madera, extienda una capa abundante de sal y coloque los caracoles con la abertura hacia abajo. Cúbralo todo con papel de aluminio y disponga encima una buena cantidad de brasas. Manténgalas calientes hasta que los caracoles estén asados.

Mientras tanto, machaque en un mortero los ajos y páselos a un recipiente con tapa. Agregue pimienta y pimentón al gusto, un chorrito de vinagre, aceite de oliva en abundancia y sal. Tape y agite enérgicamente durante un par de minutos.

Vierta la salsa en una salsera y sirva los caracoles aparte.

Bocaditos de caracol

Ingredientes para 4 personas
200 g de caracoles
400 g de masa de hojaldre congelada
150 g de mantequilla
4 dientes de ajo
1 escalonia
1 huevo
2 cucharaditas de perejil picado
1 cucharada sopera de pan rallado
sal, pimienta

Tiempo de elaboración
1 hora

Extienda la masa de hojaldre y pliéguela hasta conseguir una capa de 0,5 cm. Con un cortapasta recorte unos discos de unos 5 cm de diámetro. Colóquelos en una bandeja de horno, ligeramente mojada, y resérvelos en el frigorífico.

A continuación, bata el huevo y dore los discos de hojaldre. Con otro cortapasta de 3 cm, marque en el centro, sin presionar excesivamente, lo que será la tapa de los bocaditos.

Hornee a 210° durante 15-20 minutos.

Mientras tanto, extraiga la carne de los caracoles de sus conchas y córtela por la mitad.

Pique los dientes de ajo y la escalonia muy finos. Mezcle ambos ingredientes con la mantequilla, agregue perejil picado y pan rallado, y salpimiente.

Con la ayuda de un cuchillo de punta fina, abra las tapaderas de los bocaditos. Ponga en cada uno la mitad de un caracol y una cucharadita de la mezcla de mantequilla, y hornee a 150° durante 8 minutos.

Sirva muy calientes.

Arroz con mondongos y caracoles

Ingredientes para 4 personas
400 g de arroz
2 docenas de caracoles
500 g de pata
200 g de mondongo
aceite de oliva virgen extra
1 tomate maduro
1 pimiento grande
azafrán
pimentón dulce
pimienta negra molida
80 cl de caldo de ave
sal

Tiempo de elaboración
1 hora y 30 minutos

Limpie y lave bien la pata y el mondongo, y cuézalos en agua con sal hasta que los huesecillos se desprendan con facilidad.

Mientras tanto, corte el tomate en trocitos y el pimiento en tiras anchas, y sofríalos ligeramente. Reserve ambos ingredientes por separado.

Quite los huesos de la carne cocida, trocéela y póngala en una cazuela de barro con aceite de oliva y tomate frito. Agregue azafrán, pimentón dulce y pimienta, y rehóguelo todo unos minutos.

A continuación, vierta el arroz y el caldo, coloque encima los caracoles y las tiras de pimiento, y déjelo cocer a fuego fuerte durante 10 minutos. Finalmente, baje el fuego y manténgalo otros 10 minutos más.

Antes de servir, deje reposar el arroz tapado.

Arroz a la alicantina

Ingredientes para 4 personas
300 g de arroz
500 g de magro de cerdo
1 kg de pollo
2 docenas de caracoles
4 langostinos
4 trocitos de langosta
caldo de ave
2 alcachofas
2 pimientos rojos
100 g de guisantes
1 tomate maduro
1 ñora
2 dientes de ajo
aceite de oliva virgen extra
azafrán, sal

Tiempo de elaboración
3 horas

Dos horas antes de empezar a preparar el arroz, limpie, trocee y sofría el pollo. Déjelo reposar. Rehogue el magro de cerdo y póngalo a cocer junto con los caracoles.

Seguidamente, corte en cuatro tiras los pimientos rojos y fríalos en aceite de oliva. Una vez fríos, pélelos y reserve el aceite.

En una cazuela de barro, vierta el aceite de los pimientos y sofría ligeramente la ñora y reserve. En el mismo aceite, fría el tomate, las alcachofas, los dientes de ajo y los guisantes.

En un mortero, maje la ñora, junto con los ajos fritos, sal y azafrán. A continuación, vierta caldo hasta llenar el mortero y remueva bien todos los ingredientes.

Sofría ligeramente el arroz en la paellera de barro junto con el tomate, las alcachofas y los guisantes, y vierta el contenido del mortero, previamente tamizado.

Finalmente, añada el caldo necesario, el pollo, el magro, los caracoles y el marisco, y cueza durante 15-20 minutos. Antes de servir, deje reposar el arroz unos 5 minutos.

Brochetas de caracoles y setas con mantequilla de ajo

Ingredientes para 4 personas
48 caracoles (de lata)
48 setas de cardo o níscalos
300 g de besamel
100 g de mantequilla
6 dientes de ajo
1 limón
2 cucharadas de perejil picado
huevos
pan rallado
harina
aceite de oliva virgen extra
sal, pimienta

Tiempo de elaboración
45 minutos

Pase los caracoles por la besamel, preparada de antemano (véase pág. 153), y déjelos enfriar para que se solidifique. A continuación, empape los caracoles con harina, huevo batido y pan rallado. Resérvelos en el frigorífico.

Limpie las setas y saltéelas ligeramente en aceite de oliva y una pizca de sal.

Prepare 8 brochetas insertando caracoles y setas alternativamente, y fríalas en una sartén.

A continuación, elabore la mantequilla de ajo: machaque los ajos en un mortero, incorpore el zumo del limón, la mantequilla, sal y pimienta. Amalgame bien todos los ingredientes hasta obtener una pasta. Pásela por un cedazo y dele color con perejil picado.

Finalmente, coloque las brochetas aún calientes en una fuente y vierta por encima la mantequilla de ajo fundida ligeramente.

Cabrillas con tomate

Ingredientes para 4 personas
1 kg de caracoles (cabrillas)
6 dientes de ajo
2 cebollas
3 tomates
2 pimientos verdes
1 hoja de laurel
1/2 vaso de vino fino
1/2 vaso de agua
aceite de oliva virgen extra
sal

Tiempo de elaboración
30 minutos

Pique los ajos y las cebollas, y corte en dados los tomates y en tiras los pimientos. Vierta un chorrito de aceite de oliva en una cazuela y realice un sofrito.

A continuación, agregue los caracoles, el vino y medio vaso de agua. Remueva bien todos los ingredientes y deje cocer a fuego lento durante 15 minutos. Rectifique la sal.

Sirva muy caliente.

Calderete ribereño

Ingredientes para 4 personas
1 kg de conejo
1 kg de caracoles
1 chorizo
150 g de tocino
500 g de patatas
1 cebolla
5 dientes de ajo
1 pimiento rojo
1 pimiento verde
1 pimiento choricero
1 tomate
1 guindilla
caldo de carne
25 cl de vino blanco
aceite de oliva virgen extra
harina, sal y orégano

Tiempo de elaboración
1 hora

Fría la cebolla y tres dientes de ajo picados en una cazuela con un chorrito de aceite. Corte el conejo, sazónelo y rehóguelo en la misma cazuela. Reserve la carne aparte.

A continuación, rehogue los pimientos cortados en trocitos y la pulpa del pimiento choricero; este último debe tenerlo en remojo 1 hora en agua tibia para extraer la pulpa. Añada un poco de harina y remueva. Agregue el conejo y las patatas, peladas y troceadas, y sofríalo todo durante unos 7 minutos.

En una sartén aparte, prepare un sofrito con dos ajos y el hígado del conejo. Escurra el aceite, vierta el vino y páselo por la batidora. Añádalo a la cazuela con el conejo y deje cocer durante 2 minutos más. Agregue los caracoles, el tomate, el chorizo y el tocino troceados.

Finalmente, cubra todos los ingredientes con caldo, sazone al gusto, tape y deje cocer hasta que las patatas estén tiernas.

Deje reposar unos minutos antes de servir.

Caracoles a las finas hierbas

Ingredientes para 4 personas
1 kg de caracoles (no cocidos)
200 g de mantequilla
pan rallado
1 zanahoria
1 cebolla
1 cebolleta
2 dientes de ajo
1 ramillete de perejil
tomillo
1 hoja de laurel
1/2 taza de vino blanco seco
sal, pimienta

Tiempo de elaboración
4 horas

Ponga la carne de los caracoles, sin las conchas, en una cazuela, junto con el vino blanco, media taza de agua, la zanahoria y la cebolla peladas, sal, pimienta y las hierbas aromáticas. Espume de vez en cuando y deje cocer durante 3 horas como mínimo, a fuego lento y con la cazuela siempre tapada.

Mientras tanto, lave concienzudamente las conchas vacías y hiérvalas durante 30 minutos. A continuación, páselas por el agua del grifo y séquelas.

Machaque en un mortero los dientes de ajo, el perejil, el tomillo y una pizca de sal y de pimienta. Mézclelo con la mantequilla y resérvela en el frigorífico para que se endurezca.

Introduzca un poco de mantequilla en cada concha de caracol, a continuación un caracol, y finalmente otro poquito de mantequilla.

Disponga los caracoles en una fuente ligeramente humedecida, ponga un poco de pan rallado en la abertura de cada caracol y hornee unos minutos, hasta que se dore el pan rallado.

Gazpacho de la montaña

Ingredientes para 4 personas
250 g de conejo
250 g de pollo o perdiz
500 g de torta de gazpacho
2 docenas de caracoles
100 g de setas
caldo de ave
2 tomates maduros
1 cebolla pequeña
sal
pimienta
aceite de oliva virgen extra
tomillo
pebrella

Tiempo de elaboración
50 minutos

Trocee el pollo (o la perdiz) y el conejo en pequeños trozos y cuézalos en una olla con agua y sal hasta que la carne esté casi lista.

Mientras tanto, en una sartén grande con un chorrito de aceite, sofría la cebolla picada muy fina, y los tomates y las setas troceados. A continuación, añada la carne y sofríala.

Desmigue en pequeños trozos unos 250 g de torta de gazpacho y añádalos a la sartén, así como los caracoles y el caldo de ave suficiente para cubrir todos los ingredientes. Salpimiente y agregue las hierbas aromáticas. Deje cocer a fuego medio hasta que todos los ingredientes estén listos.

Finalmente, coloque trozos de la torta sobrante en los platos de los comensales y una ración de carne con caracoles por encima.

Revuelto de *perretxikos* y caracoles

Ingredientes para 4 personas
500 g de perretxikos (una especie de setas)
500 g de caracoles
8 huevos
1 diente de ajo
aceite de oliva virgen
sal

Tiempo de elaboración
20 minutos

Limpie bien los *perretxikos* y trocéelos con las manos.

Vierta un chorrito de aceite de oliva en una sartén y, cuando esté caliente, agregue los *perretxikos* y los caracoles, y sofría durante 5-6 minutos.

Mientras tanto, bata los huevos con una pizca de sal.

Cuando las setas estén listas, vierta los huevos batidos y remueva continuamente con una cuchara de madera.

Procure que el revuelto no se seque en exceso.

Cordero asado al horno con ragú de caracoles, hongos confitados y aceite de trufa

Ingredientes para 4 personas
1 costillar de cordero
12 caracoles
200 g de hongos confitados en aceite de oliva virgen extra
12 puntas de espárragos verdes
24 habas peladas
100 g de trufa negra
romero
aceite de oliva virgen extra
sal de escamas
agua

Tiempo de elaboración
1 hora

Extraiga la carne de los caracoles de sus conchas y reserve.

Trocee los hongos en dados, previamente confitados en aceite de oliva durante 20 minutos, y reserve

Cueza las puntas de los espárragos y las habas. Cuando estén a punto, páselas rápidamente a un recipiente con agua y cubitos de hielo para cortar la cocción y mantener todo el color.

Ponga en el vaso de la batidora 10 cl de aceite de oliva, la trufa y una pizca de sal. Tritúrelo todo y pase la mezcla a un biberón.

Ase el cordero al horno, procurando que no quede excesivamente seco. Cuando esté listo, dispóngalo en una cazuela y agregue los caracoles, los hongos, los espárragos, las habas y el fondo de cordero. Rehogue y deje reducir hasta que quede glaseado.

Para emplatar, dibuje unas líneas sobre los platos con la mezcla del biberón, coloque unos trozos de cordero y habas, espárragos, hongos y caracoles. Decore con unas hojas de romero.

SALSAS

Salsa de tomate

Ingredientes
3 tomates
1 cebolla
3 dientes de ajo
1 hoja de laurel
aceite de oliva virgen extra
sal
azúcar

En una sartén con un chorrito de aceite, rehogue una cebolla y tres dientes de ajo picados muy finos. A continuación, añada los tres tomates cortados en trocitos, una hoja de laurel, sal y azúcar en cantidades iguales. Fríalo todo a fuego lento hasta que la salsa de tomate esté en su punto.

Finalmente, y sólo si la receta lo requiere, pásela por el chino.

Ingrediente básico —ya que aporta un toque de sabor muy característico— para muchos de los platos que se presentan en esta obra.

Salsa *bourguignonne*

Ingredientes
1 cucharada de manteca
2 escalonias
tallo de perejil
tomillo
1 hoja de laurel
50 g de pies de champiñones
2 vasos de vino tinto
cayena molida

Pique muy fino las escalonias, los tallos de perejil y el tomillo, y corte los champiñones en trocitos pequeños.

En una sartén al fuego, deshaga la manteca y rehogue las escalonias. A continuación, añada una cucharadita de perejil y tomillo picados, los pies de champiñones y el vino. Cuando la salsa se haya reducido a la mitad, líguela con un poco de manteca y zumo de limón.

Finalmente, pásela por el colador y agregue una pizca de cayena molida.

Salsa bearnesa

Ingredientes
1 chalote
3 huevos
150 g de mantequilla
1 cucharadita de estragón picado
1 ramita de perejil
2 cucharadas de vinagre blanco de vino
2 cucharadas de vino blanco
pimienta
sal

Pique muy fino el chalote y el perejil.

En un cazo, cueza el chalote, el perejil, el estragón, el vino blanco, el vinagre y un poco de pimienta molida a fuego muy lento; no deje de remover hasta que el líquido se reduzca a la mitad.

A continuación, cuele y reserve las hierbas.

Vuelva a cocer el caldo obtenido, pero esta vez al baño María, junto con las yemas de los huevos. Mezcle suavemente hasta que todo esté bien ligado.

Aparte, en una sartén pequeña, funda la mantequilla y viértala poco a poco sobre la salsa, sin dejar de remover; deje hervir hasta conseguir una consistencia cremosa.

Finalmente, añada las hierbas, mezcle todo, rectifique la sal y consérvelo caliente hasta el momento de servir.

Salsa de origen francés ideal para acompañar carnes asadas o a la parrilla —especialmente las rojas de corte grueso— y también para el pescado, tanto frito como hervido.
En los últimos años se ha introducido, y con mucho éxito, en el mundo de los caracoles.

Kétchup

Ingredientes
2 kg de tomates maduros
500 g de cebollas
500 g de pimientos rojos
100 g de miel
25 cl de vinagre de vino
sal, azúcar
nuez moscada rallada
4 dientes de ajo
1 cucharada de pimentón picante
2 cucharadas de mostaza en polvo
4 cucharadas de aceite de oliva virgen extra
1 vaso de agua
1 cucharadita de clavos enteros

Pique las cebollas y los tomates, pelados, muy finos; quite las semillas a los pimientos y córtelos en dados.

En una cazuela al fuego, ponga los tomates, las cebollas, los pimientos, la miel y el pimentón. Cueza a fuego lento durante 30 minutos. A continuación, páselo por la batidora.

Vierta la salsa obtenida de nuevo sobre la cazuela y añada azúcar, vinagre, mostaza, nuez moscada y pimentón. Deje cocer durante 20 minutos. Luego, pase por el tamiz.

En una gasa pequeña, coloque el ajo picado, la canela en trozos y los clavos. Haga una pequeña bolsa, átela para evitar que se salgan los ingredientes y añádala a la salsa de tomate.

Finalmente, cueza todo junto durante 1 hora y media, removiendo frecuentemente. Retire la bolsita de especias y rectifique el sazonamiento.

Si la salsa ha quedado con pequeños grumos, puede añadir un poco de agua y pasar de nuevo por la batidora.

Es conveniente dejar reposar esta salsa durante 48 horas antes de consumirla.

Mahonesa

Ingredientes
1 huevo o 2 yemas de huevo
aceite de oliva virgen extra
unas gotas de zumo de limón o vinagre
sal
pimienta blanca

Ponga los huevos, la sal, la pimienta y un poco de zumo de limón en el bol de la batidora y bata. Añada aceite de oliva poco a poco y sin dejar de batir hasta obtener la consistencia deseada. Finalmente, rectifique la sal.

Existen varias historias acerca de los orígenes de esta salsa mundialmente conocida.

Una de ellas data de 1756, con la conquista de Menorca por parte de los franceses. Esta historia cuenta que un mesonero mahonés, al tener muy poco que servir al duque de Richelieu, general en jefe de las fuerzas francesas, improvisó una salsa a base de huevos y aceite. Al duque le encantó, y cuando regresó a Francia la dio a conocer. Inmediatamente fue adoptada por la cocina francesa.

Otra de las leyendas cuenta que una ilustre dama menorquina, amante del duque de Richelieu, le elaboraba frecuentemente esta salsa. El duque le pidió la receta, y a cambio le prometió ponerle por nombre «mahonesa».

Salsa americana

Ingredientes
750 g de tomates maduros
400 g de cabezas de gambas o carabineros
150 g de cebolla
2 puerros
1 diente de ajo
10 cl de aceite de oliva virgen extra
10 cl de coñac
1 cucharada sopera de harina
10 cl de vino blanco
10 cl de caldo de pescado
1 rama de perejil
1 cucharadita de pimentón dulce
pimienta molida

Pique las cebollas, los puerros y el ajo, y rehóguelo todo en una cazuela con la mitad del aceite durante unos 10-15 minutos, hasta que las verduras estén blandas. A continuación, añada la harina y el pimentón dulce, y rehogue durante 1 minuto más.

Corte los tomates en trozos pequeños y añádalos a las otras verduras, junto con el vino blanco, el caldo de pescado, perejil picado, laurel y sal. Déjelo hervir 30 minutos.

Mientras tanto, caliente el aceite restante en una sartén y rehogue las cabezas de marisco; añada el coñac y flamee. Viértalo en un mortero y machaque bien las cabezas de marisco. A continuación, añádalo a la cazuela con las verduras y dele un nuevo hervor durante 5 minutos.

Esta salsa fue creada a finales del siglo XIX por un cocinero francés que trabajó en América —de ahí el nombre de la salsa— denominado Pierre Fraisse.

Fraisse tenía un restaurante en París, y una noche que se había acabado prácticamente todo el género, se le presentaron unos buenos clientes. De su imaginación y buen hacer nació esa noche la conocida salsa americana.

Salsa romesco

Ingredientes
2 pimientos de romesco o choriceros
1 cabeza de ajo
2 tomates maduros
25 g de almendras tostadas
25 g de avellanas tostadas
vinagre de vino blanco
aceite de oliva virgen extra
sal

Ase, enteros y con la piel, la cabeza de ajo y los tomates. Cuando estén fríos, pélelos y reserve.

En un mortero, machaque los frutos secos, los ajos pelados y los tomates sin piel ni semillas.

A continuación, ponga los pimientos de romesco unos minutos en agua tibia y rasque la pulpa con una cucharilla.

Si no encuentra pimientos de romesco, puede sustituirlos por una cucharadita de pimentón dulce, que añadirá al mortero junto con los frutos secos.

Finalmente, amalgame bien todos los ingredientes con aceite de oliva hasta obtener una salsa espesa y sin grumos. Sazone con sal y unas gotas de vinagre.

Los orígenes de esta salsa típica de la provincia de Tarragona (Cataluña) son marineros. Es una salsa muy recomendable para acompañar platos de marisco, pescado o verduras, tanto a la plancha como a la brasa.

Es la salsa por excelencia de las *calçotades*.

Salsa *demiglace*

Ingredientes
30 g de mantequilla
30 g de harina
aceite de oliva virgen extra
80 cl de caldo de carne (fondo oscuro de ternera)

Ponga la mantequilla en una cazuela a fuego lento para que se derrita. A continuación, añada un poco de sal. Antes de que la mantequilla empiece a hervir, y con el fin de evitarlo, añada un poco de aceite de oliva.

Agregue la harina y remueva continuamente con las varillas, con el fin de que se amalgamen todos los ingredientes, durante unos 6-8 minutos.

Añada el caldo de carne poco a poco y remueva para evitar la formación de grumos.

Una vez haya agregado todo el caldo, suba el fuego y remueva suavemente hasta que la salsa rompa a hervir.

Finalmente, baje el fuego al mínimo y deje que cueza entre 30-40 minutos, hasta que se reduzca a la mitad.

La salsa debe quedar con una consistencia ligera y cremosa.

Esta salsa es uno de los fondos básicos de cocina más utilizados para la elaboración de salsas oscuras de carne.

Salsa besamel

Ingredientes
50 cl de leche
25 g de mantequilla
25 g de harina
sal

Derrita la mantequilla en una cazuela y añada la harina. Agregue poco a poco la leche, sin dejar de remover con las varillas con el fin de que no se pegue ni se hagan grumos.

Siga removiendo hasta obtener una salsa ligera.

Si lo desea, puede decorarla con un poco de perejil picado.

ÍNDICE DE RECETAS

A

Arroz a la alicantina, 135
Arroz caldoso con conejo
 y caracoles, 117
Arroz caldoso de caracoles y acelgas, 107
Arroz con caracoles, 54
Arroz con codornices y caracoles, 91
Arroz con conejo y caracoles, 101
Arroz con conejo, caracoles
 y garbanzos, 114
Arroz estilo Moncayo, 118
Arroz con mondongos y caracoles, 134

B

Bocaditos de caracol, 133
Brochetas de caracoles, 69
Brochetas de caracoles y setas con mantequilla de ajo, 136
Buñuelos de caracoles, 55

C

Cabrillas con tomate, 137
Calderete, 119
Calderete ribereño, 138
Capricho de jarretes de ternasco de
 Aragón con caracoles, 116
Caracoles de la abuela Luisa, 92
Caracoles de Alejandro Dumas, 80
Caracoles al alioli, 39
Caracoles a la andaluza, 28

Caracoles a la antigua, 83
Caracoles a la aragonesa, 41
Caracoles asados al estilo
 de Languedoc, 66
Caracoles a la Borgoñona, 29
Caracoles a la brutesca, 132
Caracoles con caracolas, 122
Caracoles al carretero, 50
Caracoles a la casera, 27
Caracoles a la catalana, 30
Caracoles a la *cèvenole*, 67
Caracoles con chorizo, 98
Caracoles a la *dijornnaise*, 74
Caracoles dulces y picantes e
 stilo ornosa, 87
Caracoles a la española, 31
Caracoles al estilo de Alicante, 40
Caracoles al estilo gourmand, 68
Caracoles al estilo de la Mariona, 45
Caracoles al estilo de Tarragona, 32
Caracoles a la extremeña, 37
Caracoles a la francesa, 109
Caracoles a la gormanta, 90
Caracoles *grand-mère*, 72
Caracoles de Grimod
 de la Reynière, 78
Caracoles a las finas hierbas, 139
Caracoles a la hierbabuena, 112
Caracoles a las hierbas, 84
Caracoles hojaldrados, 130
Caracoles al horno, 123
Caracoles a la italiana, 70
Caracoles con jamón, 110
Caracoles a la *llauna*, 121
Caracoles a la madrileña, 34
Caracoles a la malagueña, 36
Caracoles a la manta, 96

Caracoles con mantequilla, 108
Caracoles con mantequilla de anchoas, 75
Caracoles a la maña, 82
Caracoles marinados, 43
Caracoles a la meridional, 79
Caracoles a la moda del Poitou, 77
Caracoles a la parrilla, 33
Caracoles a la patarrallada, 49
Caracoles con picada, 48
Caracoles picantes, 131
Caracoles y pollo al ajillo, 85
Caracoles a la *poulette*, 76
Caracoles con queso a la romana, 65
Caracoles rebozados, 53
Caracoles rehogados, 47
Caracoles rellenos, 42
Caracoles rellenos de jamón con conejo, 94
Caracoles a la riojana, 97
Caracoles en salsa de ortigas, 102
Caracoles con setas de San Jorge, 52
Caracoles y setas al vino, 124
Caracoles con sobrasada, 44
Caracoles de tierra en salsa, 103
Caracoles a la toledana, 38
Caracoles con tomate, 95
Caracoles valleseco, 113
Caracoles a la vall-honesta, 51
Caracoles al vapor con jengibre, 105
Caracoles a la vizcaína, 35
Cazuela de caracoles, 93
Cazuelitas de caracoles con vino de Chablis, 120
Champiñones rellenos de caracoles, 73
Conchas de caracoles, 56
Conejo con caracoles, 57
Cordero asado al horno con ragú de caracoles, hongos confitados y aceite de trufa, 142

E

Empanadillas de caracoles, 58
Ensalada con caracoles, 59
Ensalada normanda, 60

F

Fondue de caracoles, 81
Fritada de conejo con caracoles, 89
Fritada de hortalizas con caracoles y lechecilla, 125

G

Garbanzos con conejo y caracoles, 100
Gazpacho de la montaña, 140
Guiso de caracoles, 46

H

Hortera de Torre del Compte, 126

J

Jamoncitos de pollo con setas y caracoles, 99
Jamoncitos de pollo con setas y caracoles al jugo de chilindrón, 127
Judías blancas guisadas con caracoles, 61

K

Kétchup, 148

L

Langosta con caracoles, 62
Llegumet, 88

M

Mahonesa, 149
Meloso de manitas de recebo
   con caracoles a la antigua, 128

P

Paella aragonesa, 129
Pimientos del piquillo con caracoles
   y setas, 106
Pollo con caracoles, 63
Pollo con setas y caracoles, 115
Potaje de garbanzos y caracoles, 104

R

Revuelto de *perretxikos* y caracoles, 141

S

Salsa americana, 150
Salsa bearnesa, 147
Salsa besamel, 153
Salsa bourguignonne, 146
Salsa demiglace, 152
Salsa romesco, 151
Salsa de tomate, 145
Sopa de hierbas frescas con agraz,
   caracoles y senderuelas, 111

T

Tallarines con caracoles al gratín, 64
Tortellini de caracoles con crema
   de perejil y ajo, 86
Tortilla de caracoles, 71

www.ingramcontent.com/pod-product-compliance
Lightning Source LLC
Chambersburg PA
CBHW080639170426
43200CB00015B/2896